"传播新视野"丛书

身份、话语与价值认同：
新中国十七年时期播音员群体研究

卜晨光 著

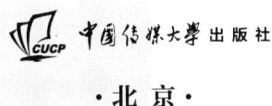

中国传媒大学出版社

·北京·

目 录

contents

第六章　自我超越：播音员群体的理论话语创新

第七章　文化记忆：播音员群体的形象还原与价值呈现

第一章

追问历史:播音员群体的文化共生

"文化共生突出的是多元文化异质共存理念,是指不同族群不同文化异质共存、相互交流、兼容并包的文化形态。"①对于新中国十七年时期广播播音员群体而言,他们的家庭出身、教育背景、成长环境、个性特点等都存在着客观差异,但是在特定的社会历史环境下,他们渐趋形成了相对统一的身份、话语和价值取向,这一具有广泛社会影响力和传播公信力的群体在文化共生中日臻壮大和自我完善,并在代际传承中发挥着重要作用,尤其在审视、反思和解决当代广播电视传播具体问题时具有重要的借鉴价值。追问历史,厘清我国当代广播电视播音员、主持人发展之源,观照当下,力图生成具有标本效应的正确导向,亦可视为本文选题的研究初衷。

---

① 孙杰远.文化共生视域下民族教育发展走向[J].教育研究,2011(12):66.

第一节　研究背景与研究价值

一、融媒体发展背景下广播播音员、主持人的发展现状亟须改观

广播因其传播特性,一直被称为"主持人媒体",播音员、主持人的内容生产水平在当今融媒体发展的格局下尤为重要,这是广播这一传统主流媒体能否健康发展和创新生存模式的关键元素。"珠江模式"后,我国广播事业迎来了快速发展的机遇期,广播频率专业化、传播受众细分化、内容设计个性化、传播载体多元化等特点让广播事业的发展一时间呈现"井喷状态",随之而来的是播音员、主持人队伍的迅速扩张和数量激增,一方面鲜明个性化的播音员、主持人进入到广大受众的视野中,另一方面受众接受和审美能力的整体提升对播音员、主持人的业务要求也呈现出更加人本化、多元化的特征。技术变革带来的新媒体繁荣着实让传统媒体有些始料未及,一部分播音员、主持人在适应传媒生态变革的进程中顺势而为、积极转型,但是深入实践一线会发现一些不容忽视的现实问题:播音员、主持人的基本业务技能有所下滑,职业认知水平和业务拓展能力明显不足,思想意识和身份价值认同不容乐观,显现出由于身份意识欠缺而带来的价值商业化、表达娱乐化、导向模糊化等问题。站在当下,看待已然存在的现实问题,难免以偏概全、不够精准,我们可以借助对历史的梳理与追问来重新审视广播播

音员、主持人应该如何理性变革、顺势而为的问题。从这一角度出发,对我国早期人民广播播音员群体的溯源正本就显得更具现实意义。

二、主流广播媒体发出信号:继承传统,维护"国家声音形象"

在中央人民广播电台播音员主持人"导师制"①培训计划的开班仪式上,各节目中心的负责人以及播音主持队伍的业务骨干都参加了,更特别邀请到了中央台德高望重的播音主持前辈。开班仪式上,中央人民广播电台台长阎晓明指出,为了筹备播音员、主持人导师制培训,台内论证了很久、研讨了多次、筹划了数月。"在与新媒体形态交融互动的当下,央广人需要清醒地认识到,传播有高度、有深度、有温度的'中国声音',是我们的求索、义务和责任。播音员、主持人作为中央台节目的直接传播者,担当着中央台形象代言人的重要角色。中央台的'声音形象',一直以来被认为是'国家声音形象'的标志,是中央台的核心价值。"②"一对一、传帮带,是中央台老播音部的光荣传统。20世纪90年代以前,对所有新入台的播音员,台里都会指派经验丰富的老播音员专职培养,从专业知识到思想品行进行长达半年至多年的专业思想教育,长此以往中央台播音主持领域人才辈出,老中青的人才链立体稳固。随着时

---

① 导师制:中央人民广播电台对年轻播音员、主持人的培养模式,核心意图是通过业务精湛的资深播音员以"师带徒"的方式对年轻播音员、主持人进行模块化、专题式的业务指导。

② 阎晓明出席中央电台播音员主持人导师计划启动仪式上的讲话[EB/OL].(2016-10-24)[2018-03-06].http://www.hrta.gov.cn/art/2016/10/24/art_112-31899.html.

代的发展、科技的进步以及价值观的重新定义,中央台的事业发展得到很大提升,播音员主持人的选拔、培养发生了深刻变化。今天,推行播音员、主持人'导师制'培养计划目的是要进一步促进播音员主持人队伍成长,提升中央台播音员、主持人队伍整体品质,强调'拜师意识',重树中央人民广播电台'国家声音形象'的标志。"①

中央台作为国家主流广播媒体的代表,已经从"国家声音形象"传承的角度认识到老一代播音员、主持人的历史价值和传播优势,向这一群体学习,就是要将其在广播初创、发展、巅峰过程中自我养成的扎实的业务功底、过硬的思想品质、准确的意识形态、创新的传播路径等优良的经验、作风、价值观念融入到当下的广播业务实践中。带有问题导向的"导师制"是为了将中央台近年来在播音主持工作中呈现的困惑和突出矛盾解决好,这是中央台自上而下的一次基于"国家声音形象"的集体意识。

三、保护历史档案的重要性:新中国十七年时期广播播音员群体亟待关注

按照新中国成立后到"文革"前的历史发展顺序进行纵向梳理和分析,新中国十七年时期,我国人民广播事业从 1949 年前解放区广播的政党广播性质转型发展为国家广播性质,进而在新的社会

---

① 阎晓明出席中央电台播音员主持人导师计划启动仪式上的讲话[EB/OL].(2016-10-24)[2018-03-06].http://www.hrta.gov.cn/art/2016/10/24/art_112-31899.html.

发展背景下开启了新的发展阶段,这一时期也可以称为"人民广播发展的初创期"。新中国成立后参加人民广播播音工作的播音员群体,他们先后经历了新中国十七年时期、"文革"时期、改革开放和新世纪等历史阶段,见证了人民广播发展的全过程,他们对相关历史发展中的现象和问题具有独到而深入的理解,并对某些时代性问题进行了反思。作为人民广播雏形期、初创期的从业者,他们在传播样态和传播身份上具有典型的代表性和研究价值。从广播媒介发展的角度看,这一时期播音员群体见证了人民广播事业发展全过程,以这一特定群体来审识和反思当代广播电视播音员、主持人传播实践流变以及广播业态的发展具有一定的学术研究价值。

四、区别于同类问题的研究视角:力求研究的学术创新性

对新中国成立后人民广播播音员群体的理论研究在中国广播史、播音史乃至广播新闻传播理论领域中具有开创性,可为该领域研究奠定基础。因为以往关于这一时期播音员群体的研究多以个案研究和播音学视角进行,本研究从新闻传播学的视角切入并重新认识,既具有研究的科学性,又具有研究的创新性。本书对这一时期播音员群体的基本发展样貌特征、传播样态、传播身份以及其当代价值的呈现进行了系统和比较研究,预期可填补该领域的不足。这一时期播音员群体的"战时图景"、政治传播形态以及播音范式的传播学研究视角具有一定的前沿性。本书是以历史研究为基础,适度借助新闻传播学的视角和方法,力图让这段史实更显丰

满、立体和具有高度。从宏观上看,本研究不仅能提升我们对新中国成立后人民广播播音员群体的历史认知水平和层次,而且对拓宽中国广播新闻传播史的研究视野也起到了推进作用。从微观上看,本研究将研究对象与社会环境的同一性、媒介传播的影响力、符号的典型性进行了系统的归纳、论证和推理,这在某种意义上也开阔了中国播音史的研究视野。更为现实的价值是,本研究可对当下广播电视播音主持从业人群的实践以及播音主持人才的培养提供参考依据。

第二节 文献综述与研究对象

一、文献综述

本研究聚焦新中国十七年时期我国人民广播播音员群体的基本样貌、传播身份、传播话语与当代价值,具有一定的跨学科性,主要涉及新闻传播学和历史学两个领域。在新闻传播学领域,关于这方面的研究大多融入广播电视史、广播新闻业务、广播播音业务研究之中;在历史学领域,关于这方面的研究主要散落在部分回忆录、口述史、人物传记领域的相关文献和资料汇编中。国内外近年来与本研究相关的学术成果主要有以下四类:

(一) 与本书相关的研究成果梳理

1.广播史(新闻史)研究

广播史研究的代表人物是赵玉明、哈艳秋、王文利等,他们的研究集中阐述说明了解放区电台的时代背景、战时宣传、硬件设施、工作环境、人员队伍等基本情况,按照革命史的发展脉络进行梳理和归纳,并对广播史的关键节点进行了重点介绍和论述。其中,具有代表性的论著有《中国广播电视史教程》(赵玉明、艾红红,2009)、《中国解放区广播史》(赵玉明,1992)、《现代中国广播史料选编》(赵玉明,2007)、《人民大众的号角——延安(陕北)广播史话》(杨兆麟、赵玉明,2000)、《中央人民广播电台简史》(杨波,2000)、《民国时期国人对广播的新闻事业属性的认知》(王文利,2011)、《民国时期广播研究的历史演变及特点》(王文利,2010)等。

2.播音史(个案)研究

对这一时期播音业务的研究以姚喜双等为代表,他们通过搜集历史文献和人物访谈资料对播音业务的系统性、规律性进行研究。例如《中国解放区新闻播音语言规范》(姚喜双,2006)、《解放区新闻播音语言规范的形成及特征》(姚喜双,2007)、《中国解放区新闻播音语言规范研究启示》(姚喜双,2007)、《新中国播音创作简史》(喻梅,2016)、《方明的播音创作》(刘卓,2015)等论著,提出了解放区新闻播音语言规范系统理论,从语文基础和广播基础两个方面论述了新闻播音语言规范形成的基础,阐述了解放区新闻播音语言规范要素的形成以及解放区新闻播音语言规范系统的雏形等问题。

3.播音主持理论研究

为了更加精确地反映新中国十七年时期广播播音员群体的理论研究成果，本书将具有代表性的论着纳入研究范畴，如以张颂为代表的播音学基础理论《播音发声学》《播音基础创作》《朗读美学》《播音语言通论——危机与对策》《中国播音学》《播音主持艺术论》等，以吴郁为代表的主持理论著作《播音学简明教程》《主持人的语言艺术》《主持人思维与语言能力训练路径》《电视节目主持人综合素质研究》《谈话的魅力》《当代广播电视播音主持》以及万里的《教师口语》等，这些成果作为文献资料和理论基础为本书部分章节提供了确立观点的依据。此外，战迪、刘琦的专著《播音与主持艺术批评》也为群体研究提供了独特的研究视角。

4.关于"群体"与"文化"的研究

在博士学位论文中，《中国当代女性法官职业群体研究》《民国时期建筑师群体研究》《1949—1978：共和国英模人物群体研究》《晚清驻外公使群体研究（1875—1911）》《金代武将群体研究》《明代阁臣群体研究》《城市、戏曲与性别：近代京津地区女伶群体研究》《民国时期的店员群体研究（1920—1945）》《中国记者职业身份认同的建构与消解 ——以中国青年报记者群体为例》等论文，从历史学、女性学、社会学、管理学等不同的视角搭建研究框架，既有共性结构，也有特定结构，为本书提供了群体研究的参考。与"群体"研究相关的学术专著,如《晚清民初南洋华人社群的文化建构——一种文化空间的发现》《身份建构与文化融合——中原地区基督教会个案研究》《文化、权利与国家》等,也为论文写作开阔了视野,提供了创新的思维路径。这些研究对于群体范围的界定、研究问题的梳理、研究板块的划分以及研究方法的使用等,更是为本书的研究提供了可供参照的资料。

(二) 与本书相关的历史资料梳理

1.回忆录及个人自传

关于这一历史时期播音史的研究多以代表性播音员的人物传记和部分播音员的回忆录等形式出现,其中包括播音员的生平、工作经历、业务心得、生涯回忆等,基本还原了解放区播音员的发展原貌,为后续研究提供了较为翔实的素材和资料。例如《缅怀齐越教授专辑:永不消逝的声音》(北京广播学院播音主持艺术学院、齐越奖励基金办公室,1997)、《丁一岚传》(成美、陈道馥、薛夏原,2011)、《大海的一朵浪花:孟启予的广播电视生涯》(周迅,2008),《夏青和他的政论文播音》(姚喜双,1992),《论播音员主持人的语言规范——以方明的语言规范观和审音工作为例》(刘卓,2012)等。

2.资料汇编

一些相关论著也为还原解放区广播的历史样貌提供了可供参照的资料,如《第四战线——国民党中央广播电台掇拾》(汪学起、是翰生编,1988)。除此之外,还有一些文件汇编,如《播音工作经验汇辑》(广播事业局,1961)、《播音工作经验选辑》(吉林省广播事业管理局广播网处编,1965)、《全国播音经验交流会材料选编——话筒前的工作》(广播出版社,1983)、《延安(陕北)新华广播电台广播稿选》(中国广播电视出版社,1985)、《解放区广播历史资料选编(1940—1949)》(中央人民广播电台、北京广播学院,1985)、《邯郸新华广播电台回忆录》(河北省广播电视厅史志编委会,1988)、《张家口/晋察冀新华广播电台回忆录》(河北省广播电视厅史志编委会,1989)、《邯郸新华广播电台暨陕北新华广播电台在太行时期历史资料汇编》(邯郸人民广播电台,2006)、《亲历与记忆:人民广播70年》(中国广播电视出版社,2011)、《用声音传播:人民广播播音70年回顾与展望》(中国传媒大学出版社,2011)等,也为呈现特定时间范围内人民广播与播音员业务实践的发展状况提供了历史资料。

(三)与本书相关的学科理论文献梳理

1.社会学理论与方法

《社会学》《文化学概观》《媒介、传播、文化——一个全球性的途径》《文化理论与大众文化导论》《文化记忆与身份认同》《电视文化学》等专著为本书"文化",概念的厘清与书写范围、层次的确定等提供了基础性的把握和格局性的创新。面对一个"老问题",本书更换了一种论证思维和角度,将特定年代的播音员群体放到文化共同体的视野中去审视和阐述,论证的过程始终保持深层次、多角度观照主题,把表象上的播音学实践问题引申至社群的文化适应、文化创造、文化转型、文化审视等方面去"剥茧抽丝"。在部分论著中,一些与本书密切相关的概念性表达值得关注和借鉴,例如社会群体可定义为两个或更多的人,他们有共同的认同及某种团结一致的感觉,群体中每个人的行为都有相同而确定的目标和期望,他们有独特的群体结构和共同的文化,形成了统一的规范、地位和角色系统;①"把社会群体与单个人群集合区分开来的一个特征是一套共享的规范";②雷蒙德·威廉斯为文化下了三个比较宽泛的定义,其中第二种用法是指一群人、一个时期或一个群体的某种特别的生活方式③等。《科学革命的结构》(托马斯·库恩著,金吾伦、胡新和译,2012)、《自传契约》(菲利普·勒热讷著、杨国政译,2001)、《文化记忆——早期高级文化中的文字、回忆和政治身份》(扬·阿斯曼著,金寿福、黄晓晨译,2015)、《记忆之场——法国国民意识的文化社会史》(皮埃尔·诺拉主编,黄艳红等译,2015)等科学社会学和文化社会学的最新成果也为本书的研究提供了理论支撑,尤其是其中的范式理论和文化记忆理论框架均为本书建构新中国十七年时期广播播音员群体的播音范式与多重媒介叙事形成的文化记忆提供了理论参考。

2.传播学理论与方法

本书在"播音范式"一章中运用了《作为文化的传播——"媒介

① 波普诺.社会学:11 版[M].李强,等,译.中国人民大学出版社,2007:191,195.
② 同上,199.
③ 斯道雷.文化理论与大众文化导论:5 版[M].常江,译.北京:北京大学出版社,2010:2.

与社会"论文集》(詹姆斯·W.凯瑞著,丁未译,2005)、《隐藏的维度——詹姆斯·W.凯瑞仪式传播思想研究》(周鸿雁,2012)中的"传播的仪式观"理论;在"文化记忆"一章中运用了《传播研究方法》(基顿著,邓建国、张国良译,2009)的框架理论分析"新中国十七年时期播音员"的媒介形象,并按照其定量研究方法开展研究,即通过量化的观察和测量进行研究的方法,使用数量、频率、程度以及强度等工具来描述播音员群体的传播现象;在"转型发展"一章中运用了《新闻报道的亲和力研究——理论、测评与对策》(操慧、操成,2015)中的"亲和力"定义,对播音员群体中转型主持人后的那些人的传播样态进行分析;在"身份确立""播音范式"两章中分别借鉴了《政治传播研究:理论、载体、形态、符号》(张晓峰、赵鸿燕,2011)中"政治宣传"和"政治修辞"的理论和表述。此外,《媒介文化:介于现代与后现代之间的文化研究、认同性与政治》(道格拉斯·凯尔纳著,丁宁译,2013)、《作为话语的新闻》(托伊恩·A.梵·迪克著,曾庆香译,2003)、《媒介、传播、文化——一个全球化的途径》(詹姆斯·罗尔著,董洪川译,2012)等著作也为本书提供了关于"传播"与"文化"的理论参考。

二、研究对象

(一)"十七年"的由来

"十七年"对于历史而言是渺小而短暂的,但是对于中国国情而言,新中国十七年时期又是不同寻常的。在这一历史进程中,高昂的革命热情催生着社会各个行业的发展,并直接确定了社会大众的政治思想和精神品性,在文学史中就出现了"十七年文学"的研究样本。本书即根据人文社科研究背景的近似性,确定新中国十七年时期人民广播播音员群体作为典型取样进行研究。当然,与文学范畴不同,新中国十七年时期只是作为本书研究对象选择的时间划界依据,而问题研究的跨度则应延续到现在。

(二) 人员范围

新中国十七年时期(1949—1966)参加人民广播播音工作(从业/入职)的播音员群体,他们先后经历了新中国成立后的初期建设时期、"文化大革命"时期、改革开放时期和新世纪等历史发展阶段,见证了人民广播发展的全过程,他们对相关历史发展中的传播现象和具体问题拥有独到而深入的理解,并对某些时代性问题进行了回望、认同与反思。因此,他们的时代背景、社会语境、身份建构、传播话语、传播价值均包括在本书的研究视域内,播音员业内知名度、美誉度以及传播贡献度则作为典型人物的筛选与确立的重要标准,本书将重点分析这一群体中的齐越、丁一岚、孟启予、钱家楣、夏青、葛兰、费寄平、林田、万里、林如、铁成、方明、张颂、徐恒、鲁园、关山、陈醇、虹云、雅坤、徐曼、常亮、吴郁、陈光等人。

(三) 时间范围

本书按照历史发展的重要阶段,结合播音员群体职业发展的实践线索进行纵向梳理和分析,主要涉及播音员群体的广播实验期——解放区广播时期,身份确立和播音范式确立期——新中国十七年时期,话语转型期——改革开放时期以及新世纪等三个重要历史阶段。三大阶段贯穿了新中国十七年时期参加工作的广播播音员群体的职业生涯,每个时间段均有代表作品和话语变革与时代发展相对应,同时这三个阶段也涵盖了这一群体生理年龄的青年时期、中年时期和老年时期。

(四)媒体范围

以中央台为主,地方台(天津台、上海台、哈尔滨台等)为辅,主要依据是媒体发展情况的成熟度和历史资料的详实度,以及作为论据的典型性和代表性。

第三节　研究框架与研究方法

一、研究框架

本书借鉴社会学中的"文化"和"群体"理论,将新中国十七年时期人民广播播音员群体视为特定的"文化共同体",其具有一定数量的社会成员、社会联系相对稳定、具有共同的目标和持续的相互交往、具有一致的群体意识规范和一定的群体边界。本书参照文化的结构、话语、规范、变迁、功能、价值观等要素,从身份启蒙、身份确立、话语建构、话语转型、理论话语创新、形象还原与价值呈

现的发展脉络,探求新中国十七年时期广播播音员群体的"历史样
貌"和"传播图景",对这一特定群体进行研究和剖析。在研究过程
中,本书将探讨当下播音员、主持人发展亟待解决的问题,实现从
当前问题出发、追问历史、回馈现实的研究逻辑。从本书的研究框
架和结构看,首先是提出研究的问题,从历史的视角切入,选择"新
中国十七年时期人民广播播音员群体"作为研究对象。本书的主
体部分涵盖三个方面:一是对人民广播播音员群体的身份确立(以
第二章、第三章为支撑),二是对人民广播播音员群体的话语分析
(以第四章、第五章、第六章为支撑),三是对人民广播播音员群体
的价值认同(以第七章、第八章为支撑)。这三方面构成较为严密
的逻辑链条,层层递进,以期达到说理清晰、论证有力、结论恰切的
目的。

二、研究方法

本书在文献研究和个别访谈的基础上,通过对史料的整理和
个体案例的研究,运用内容分析等传播量化的方法,进行理论总
结,并提出相关结论。

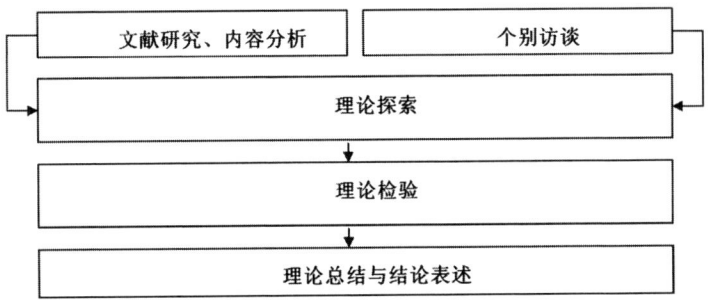

　　本书从跨学科视角出发，以定性研究和定量研究相结合的方法展开。(1)文献法。借助中国期刊网、维普网、EBSCO，Springer、Jstor 等数据库以及档案资料库对相关资料进行查询和梳理。(2)内容分析法。主要是对关于播音员群体文化记忆的媒介叙事传播内容进行客观、系统的定量分析和量化描述。(3)个案分析法。此方法主要用于对播音员群体中具有代表性的典型个体进行举例说明。(4)逻辑推导和演绎归纳法。此方法会贯穿本书研究的整个过程。(5)访谈法。此方法主要是对播音员群体代表、相关专家以及与研究对象关系密切人员的问题调查，为研究提供更为多元的线索与资料。

第二章
广播实验:播音员群体的身份启蒙

　　1940 年 12 月 30 日,从延安(陕北)新华广播电台传出一个响亮、振奋人心的声音:"延安新华广播电台,XNCR,现在开始播音。"①这既是中国广播新闻史上的标志性事件,也是中国共产党发展解放区广播的重要节点。从延安台到张家口台,从晋察冀台到华东台,解放区广播的发展随着抗日战争、解放战争的进展、随着中国共产党在战局中的主导性地位的逐渐确立,呈现出多点开花的态势。在解放区广播的发展过程中,参与中国共产党政党广播"草创"的播音员在完成历史使命的同时,用他们对党的事业绝对忠诚对全新工作领域的认真探索。广播是什么?广播面向谁?如何做广播?一种全新的媒介文化正在形成,因其特殊的价值观、组织结构等特征,解放区广播呈现出与国民党广播不尽相同的发展态势,虽然由于外部条件和生态环境悬殊,但是解放区广播播音员群体"逆势生长",形成了与正面战场呼应的又一条战线,这条战线

---

① 杨兆麟,赵玉明.人民大众的号角——延安(陕北)广播史话[M].北京:中国广播电视出版社,1986:1.

的文化影响力为新中国成立后的人民广播以及播音员群体的发展打下了基础,提供了可供参照的模板。

第一节　解放区广播播音员群体的历史样貌及成因

从广播历史的文献资料中,我们可以找寻到解放区广播发展的历史轨迹、队伍情况、物资情况、规章制度等内容,虽然史料并不集中,也不尽翔实,但是综合起来看,还是可以大致还原在当时的历史条件下解放区广播发展的缩影。应该说,在解放区广播的产生和发展进程中,形成了一些对后来乃至今天人民广播事业发展产生深远影响的雏形,例如广播播音的风格、播音的文体、节目的类型等,而其中带有人民广播特色的重要标识——播音员也是在当时的历史条件下产生和发展起来的,因其鲜明的时代特征、传播功能、风格形成及其后续影响等方面的显著特性,使其具有了学术研究的意义和价值。

一、来源与构成:解放区广播播音员群体研究的基本问题

在《华东人民之声》一书中,每一篇个人的回忆录后都附有文章作者也就是当时参与华东新华广播电台工作人员的个人小传,虽然比较简略,但是从中可以看到当时解放区广播从业人员的发展轨迹。具体说到解放区广播播音员,他们是从何处而来的呢?

带着这一因阅读而引发的思考,笔者从史料中找到了答案。从来源来看,当时解放区广播播音员主要由三部分构成,一是来自部队文艺团体的演员,例如,"1945 年 8 月 24 日,伪蒙疆放送局改为张家口新华广播电台,晋察冀军区一分区战线剧社派文艺工作者陈紫薇担任播音员"。① "为增强播音和编辑方面的力量,从太行先锋剧团调来了纪青、蓝林、曹菲亚,由她们担当播音员"。② 二是党的机关报工作人员。例如,"由人民日报社临时调去担任陕北台播音的胡迎陵同志,已经在这里练习了两天。她说:'这玩意儿可不好搞啦,紧张得很!'"。③ 三是大、中学校的学生。关于这一部分的史料较为翔实,例如,"另从华北联合大学调进了 8 位英语翻译和播音员,其中有魏琳、冯培、黎玫等,节目开播前还请了美国友人库利辅导魏琳、冯培播音"。④ 华东新华广播电台的邱原就是来自北京的一名学生,当时也就十七八岁。史料中涉及解放区广播播音员学历背景的文字记载相对较少,但是从有限的文字资料中可以窥见当时播音员的学历层次参差不齐的特点。既有"延安电台最早的播音员,是从女子大学调来的徐瑞璋和姚雯",⑤也有刚从延安中学毕业的延安新华广播电台第一位男播音员王恂。播音员的学历背景与上文中提及的播音员的文化标准有着密不可分的联系,它直接反映了当时我国解放区广播播音员的整体文化修养和素质

① 李海,王文华.张家口(晋察冀)新华广播电台始末[J].中国广播,2010(12):43.
② 钱江.战争史上的新闻传奇——晋冀鲁豫《人民日报》承担"临时新华总社"和组建陕北电台接替台纪事,2007-4-10.
③ 齐越.播音员日记——解放战争年代的播音工作[J].新闻战线,1981(7):19-20.
④ 李海,王文华.张家口(晋察冀)新华广播电台始末[J].中国广播,2010(12):45.
⑤ 中华网.中央人民广播电台在战火中诞生[J].炎黄春秋,2000(12):35-39.

水平。与此同时,既然是大、中学生,也可以说明其年龄较为年轻。又如,"我是1940年初冬和姚雯同志一起来延安台当广播员的。当时,我们俩都是18岁"①。"那时候,我(王恂)是一个刚刚走出延安中学校门的18岁的青年,是前两个月在窑洞里面对鲜红的党旗举手宣誓的新党员",②等等,这和当时从事播音工作人员参加革命的年龄是吻合的。在当时的这批年轻播音员中,有的逐渐成长为我国播音领域乃至广播电视事业的领军人物,并成为彰显中国特色播音理论的开创者和奠基人。现在看来,这三部分人群应该是各有侧重和优势的,来自部队文艺团体的播音员语言表现力相对较强;来自党的机关报的播音员则政治素质更加过硬的;而来自大、中学校的播音员不仅具有一定的文化功底,还具有一定的可塑性。

二、调配与招考:解决了解放区广播播音员的"进口"问题

那么上文中提出的三部分人又是通过什么形式来到解放区广播电台从事播音员工作的呢? 或者说解放区广播播音员是如何进入到播音工作领域中的呢? 对于这一问题,历史资料中也有记载。例如,"1941年夏季的一天,组织科的同志和萧岩谈话,说要分配她到延安新华广播电台去做播音员"。③ "报社(晋察冀日报)副社长

① 徐瑞璋.重返延安忆当年[M]//延安(陕北)新华广播电台回忆录新编,中国广播电视出版社,2000:109.
② 王恂."XNCR",我想念你![M]//延安(陕北)新华广播电台回忆录新编,中国广播电视出版社,2000:146.
③ 刘辰莹.他从人民广播的原点走来——访人民广播第一代播音员萧岩[J].中国广播,2010(12).

胡开明根据群众意见，提出由丁一岚担任电台播音科科长兼播音员，就这样，丁一岚开始了她40年的广播生涯。"①"'目前那里力量比较薄弱，组织上决定派你去做播音员。你的意见怎么样?'我一下怔住了，脑子里想起了播音员清脆、流利的北京话……"②以上三段历史资料显示，无论是"组织科""组织上"还是"根据群众意见"，都说明组织选派和调配是当时解放区广播电台播音员选拔的主要方式，在当时的历史条件下，这种选拔方式有其特殊的优势——被选拔的播音员均是党组织深入了解、在思想政治素质层面有所保障的人员，这对于解放区广播做好党的宣传工作是十分重要的。此外，除了绝大多数播音员是经过组织选派和调配走上工作岗位之外，解放区广播播音员的选拔形式也进行过创新，例如，东北新华广播电台即将开播的时候，以佳木斯新华广播电台名义，6月中旬在《合江日报》上刊载了招考播音员的通知，经考试录取了龙潮、吕正远，他们成为东北台最早的播音员。③这种公开招考的形式扩大了播音员的选拔范围，能够让一批自愿从事党的播音事业的人员进入组织的选拔视野，可供选择的基数变大之后，电台可以在参选人员的播音业务层面"优中选优"，这在一定程度上保证了解放区广播事业的有声语言传播水准，现在看来更符合电台播音工作的规律性、科学性和可持续性。

---

①　李伶.邓拓、丁一岚——新闻战线比翼鸟[J].党史博览,2011(6).

②　杨慧琳.在战斗的岗位上[M]//延安(陕北)新华广播电台回忆录新编.中国广播电视出版社,2000:160.

③　赵玉明.中国解放区广播史[M].中国广播电视出版社,1992:10.

三、政治把关与语言素质:解放区广播播音员群体的必备职业要求

从留存的史料中,笔者还发现了两点对解放区广播播音员的共性要求。一是关于解放区广播电台对播音员政治水平的要求,例如,1948 年陕北台提出了播音员应具备的条件为:"要有一定的政治水平……"①1949 年北平新华广播电台对播音员的要求是:"一、历史清白政治可靠……四、有一定的政治水平。②";"我犹豫地说:'廖公(廖承志),我怕不行吧? 我的口音不好,南腔北调',廖公说:'可以学嘛。要准确表达党中央的精神,主要是靠政治,这是个战斗岗位! 懂吗?'"③从中不难看出,是否具备过硬的政治条件是解放区广播播音员选拔的首要标准,这是充分也是必要条件,这也正是后来对播音员作为党和政府喉舌的传播地位和作用的初始要求。二是据广播史料以及当时播音员的回忆录等资料显示,解放区播音员主要来自我国北方地区,尤其是以北京人或者在北京接受过教育的人员为宜。例如,"组织上了解我是北平人,适合播音,就调我来工作"。④ 这一点比较容易理解,当时挑选播音员主要是从地域语言环境考虑的,来自北方地区的人员普通话(国语)基础

---

① 解放区广播历史资料选编(1940—1949)[M].中国广播电视出版社,1985:186.
② 解放区广播历史资料选编(1940—1949)[M].中国广播电视出版社,1985:188.
③ 杨慧琳.在战斗的岗位上[M]//延安(陕北)新华广播电台回忆录新编,中国广播电视出版社,2000:160.
④ 王恂."XNCR",我想念你![M]//延安(陕北)新华广播电台回忆录新编,中国广播电视出版社,2000:147.

要相对好一些。当时也有因为来自南方、带有南方口音被调离播
音岗位的,例如,"在我(萧岩)之前有两位播音员,一位叫姚雯,她
是江苏人,由于口音关系,不久就调离九分队了"。[①] 当时解放区广
播均处于我国北方,所以选择播音员的地域范围也就相对集中在
北方地区,这是当时解放广播事业的发展特点决定的。而进一步
探究深层次原因,地域和方言是分不开的,像是对有北京求学和生
活经历的播音员而言,他们至少能说北平话,能说国语。例如,"口
语广播部由梅益同志领导,他一直在物色男播音员。前些天,他叫
编辑部四个能说北平话的男同志都去试试音。结果我被选上
了"。[②] "四十年代初期延安新华广播电台的女播音员先后有徐瑞
章(麦风)、姚雯、萧岩和孙茜等。她们没有做过播音员,也未学过
播音,但是有较好的语文基础、政治基础和语言基础,她们都能说
国语"。[③] 应该说,单就语言标准而言,早期解放区广播电台对播音
员语音条件的要求门槛不高。

第二节 解放区广播播音员工作呈现出
党的战时宣传的工作特征

解放区广播诞生于抗日战争中期,抗战胜利后,解放区广播又
经历了解放战争时期的发展,随着战争形势的不断变化,中国共产

---

① 纪念人民广播创建 40 周年座谈会纪要[M]//延安(陕北)新华广播电台回忆录新编,中
国广播电视出版社,2000:10.
② 齐越.播音员日记——解放战争年代的播音工作[J].新闻战线,1981(07):19-20.
③ 姚喜双.中国解放区新闻播音语言规范[M].语文出版社,2007:131.

党的实力也在持续增强，从总体上看，解放区广播顺应了党的战时宣传的需要，与党报共同承担着党的政治宣传和军事宣传工作。那么，植根于解放区的播音员群体也自然具有了当时党的战时宣传工作特征，除却播音员播读的稿件外，播音员群体所表现出来的流动和不稳定性、对播音员工作的评价标准、播音员工作的应急性等均能较为有力地说明其从事的工作具有战时宣传特征。

一、播音员工作随战事发展具有流动性和不稳定性

纵观解放区广播发展史，我们不难发现这样一个现象——播音员群体的工作具有流动性和不稳定性：一种表现是部分播音员在从事一段时间播音工作后由于工作需要而调离并从事其他工作，例如，"1946 年 1 月，刚从延安中学毕业的王恟被调到裴庄，成为延安电台的第一位男播音员。时间不长，他报名参军，到前线去了。这个时期，陆续调来了女播音员钱家楣、于一、杨慧琳、吴作贤"①；再例如在解放区广播最早的四位女播音员中，从事播音工作时间最长的肖岩也只工作了两年多，后来她们均从事了与播音无关的其他工作。另一种表现是随着解放区范围的不断扩大以及接管电台的增加，部分有工作经验的播音员需要调动到新建电台工作，这在当时成为新建解放区广播电台人力资源补给的重要手段。例如，"3 月 25 日，发射台、发电机、定向天线全部完成测试。编播人员试播了全国性广播稿，邯郸台抽调于韵琴和蓝林，加上从

① 中华网.中央人民广播电台在战火中诞生：从延安走向北京[J].炎黄春秋,2000(12):20.

《人民日报》调来的胡迦陵(后到)担任'陕北台'播音员,领导上要求她们达到陕北电台的播音水平,包括播音感情、语气都要和陕北台相似"①。

二、对播音员工作的评价标准凸显"敌我对峙"

在解放区广播播音员播音业务中,对规范性和准确性的要求史料中有记载,而对播音员工作的评价标准在史料记载中并不多见,那么,怎样的播音工作才是被肯定和认可的呢? 史料中有这样一段记载:"坚持转战陕北的毛泽东、周恩来、任弼时、陆定一等密切关注着新华社和陕北电台的工作。1947 年 5 月间,他们在安塞县王家湾村用干电池收音机收听了陕北电台的广播,播音员正在报道蟠龙大捷和祝捷大会的消息、评论,毛泽东称赞:'这个女同志好厉害,骂起敌人来义正词严,讲到我们的胜利很能鼓舞人心,真是憎爱分明,这样的播音员要多培养几个。'第二天,远在涉县的陕北电台收到党中央从陕北发来的嘉奖电报,希望大家再接再厉,努力做好广播工作。"②从这段史料中不难看出,当时评价播音员工作水平高低的标准集中在播音的传播效果上,义正词严、鼓舞人心、爱憎分明等都是对战时播音员工作评价的关键要点,凸显出明显的"敌我对峙",播音员要为战争宣传服务,这应该是当时党对播音员工作的出发点和落脚点。

---

① 钱江.战争史上的新闻传奇——晋冀鲁豫《人民日报》承担"临时新华总社"和组建陕北电台接替台纪事[J].新闻战线,2007(4):8-74.
② 中华网.中央人民广播电台在战火中诞生[J].炎黄春秋,2000(12):35-39.

三、对播音员工作的政治宣传要求凸显准确性

"今天我们抽出播音以外的时间开会，总结了最近时期的工作。会上，同志们认为前些天我播的中央指示没有播错一个字，较好地完成了任务。这是中共中央关于 1948 年土地改革工作和整党工作的指示(全文见《毛泽东选集》第四卷)，全文 3300 字。播出前相当紧张，拿到文件只有一小时的准备时间，编辑部主任温济泽同志指定我播，并在稿件前注明：'毛主席指示：此文件不要播错一个字'。我当时几乎动员了全部的意志和力量进行准备，就文件的精神和具体播法跟同志们交换意见，在一小时内做了所能做的一切，但心里总是有点嘀咕，怕达不到毛主席的要求。在进播音室的前 5 分钟，同志们提醒我说：'不要怕，你已经准备好了，你不会播错的！把全部注意力集中到内容上！要有坚决完成党的任务的信心！'"[①] 温济泽当晚听了播出情况后，在收听记录中说："今天齐越播指示，声音清楚，没有错一个字，很好！"[②]"组长孟启予同志的发言给我很大启发，她说：'播音第一位的是准确，理解要准确，表达要准确。'"[③]从毛泽东的政治指示"此文件不要播错一个字"，到同事们的工作勉励"你不会播错的"，再到编辑部主任的评价"没有错一个字，很好"，包括播音组长谈及播音感受时对"准确"的强调，都从不同侧面反映了在解放区广播战时宣传背景下对于信息传播准确性

① 齐越.播音员日记——解放战争年代的播音工作[J].新闻战线,1981(7):22.
② 解放区广播历史资料选编(1940—1949)[M].北京:中国广播电视出版社,1985:146.
③ 齐越.播音员日记——解放战争年代的播音工作[J].新闻战线,1981(7):22.

的"第一要求"，这应该也是当时评价播音员最重要的标准。

四、播音员工作在战时状态下的应急突发性

笔者在查阅相关史料时还发现这样一则记载，"抗日战争胜利以后，国民党当局无理命令八路军、新四军'原地驻防待命'，不许向敌伪收缴枪支，同时依靠美国军队的海陆空运输，向解放区大规模调兵遣将，积极准备发动内战。在这紧急时刻，党中央要求三局尽快恢复口语广播。九分队的同志们抓紧时间，检修机器，很快开始试播。当时还没有调来播音员，就由机务员临时上阵，广播了朱德总司令给解放区各武装部队的命令，要他们向敌伪发出通牒，限期缴械投降，还广播了朱总司令给日军'总司令'冈村宁次的命令，让他下令日军，向八路军、新四军投降。8 月 13 日和 16 日，又广播了朱总司令答复蒋介石诬蔑八路军、新四军正当行动的电报和毛泽东为新华社撰写的评论，揭露蒋介石正在挑动内战。不久，李慕琳、孟启予来到盐店子，担任播音员。9 月 11 日，延安电台正式恢复广播"。① 从文中可以看到，紧要关头机务员可以临时被选拔充当播音员，随后再迅速调入播音员开展工作。战时宣传是解放区广播的重要任务之一，至于播音业务层面可以因为应急暂时搁置，播音工作首先应服从党的战时应急宣传工作的需要。

再如，"这件消息刚刚播完，电话铃又响了，电话里传来了急切的声音：'不要结束！还要播解放济南的消息！'但是已经晚了，喇叭

---

① 中华网.中央人民广播电台在战火中诞生：从延安走向北京[J].炎黄春秋,2000(12)：35-39.

里已经道了'晚安'！电话里传出：'总编辑决定：不要关机器，加播'号外'！快传！''女声男声轮播，多播几遍！'我和孟大姐拿起传来的稿子跑到播音室，这时距离结束播音不过相差一分钟，收音机里又传出振奋人心的消息：'陕北新华广播电台 XNCR！各位听众：人民解放军今天下午 5 点钟全部解放济南，守敌全部歼灭，无一漏网，战果正在清查中！'这个'号外'，接连播了 7 遍。"①这段史料再次说明当时播音工作的突发性和应急性，也体现出播音工作作为宣传工具在战时宣传工作中的实用功能。

第三节　解放区广播播音员群体对
我国广播事业发展的后续影响

一、播音员群体的人力资源得到初步解决：解放区播音员成为新中国广播事业的中坚力量

多年艰苦环境下的工作历练和对播音工作实践的一丝不苟、兢兢业业，使解放区播音员中有不少人成为新中国广播事业建设和发展的中坚力量，既有像齐越一样在中国广播播音工作实践与理论上都颇有建树和成果的著名播音员，也有像丁一岚、孟启予那样走上广播事业管理岗位的播音员，应该说，他们都在自己的工作岗位上继续发挥了解放区广播播音员的刻苦勤奋、自力更生、艰苦创业的优秀品质和精神，尤其是将自身长期的工作实践经验融入

---

① 齐越.播音员日记(续)——战争年代的播音工作[J].新闻战线,1981(9):39-42.

到新中国的广播电视工作中,使他们逐渐成为广播事业发展不可替代的生力军,在后续广播的节目创意、播音队伍建设、业务标准制定等方面发挥了积极作用。

二、播音员群体的结构特点基本生成:性别比例"女多男少"成为广播事业的发展常态

关于解放区播音员的性别比例问题在此也想做个讨论,从解放区广播第一批四位女播音员的选择取向来看,是否说明党对播音工作的性别定位是女性更合适呢? 这一点似乎无法得到明确的答案,但是可以看出当时选择播音员的主观标准。我国解放区广播诞生于 1940 年,但是直到 1946 年解放区广播才拥有了第一位男播音员,史料中记载,"1946 年 1 月,刚从延安中学毕业的王悃被调到裴庄,成为延安电台的第一位男播音员。时间不长,他报名参军,到前线去了。这个时期,陆续调来了女播音员钱家楣、于一、杨慧琳、吴作贤"。[①] 后来,"原在编辑部工作的齐越被调到播音组,成为延安(陕北)电台的第二位男播音员,他从此终生从事播音工作"。[②] 从中可以看出,当时解放区广播播音员队伍中女性占有绝对比重,而男性播音员则是凤毛麟角。至于原因,作为新中国十七年时期参加播音工作人的解释,"从当时的技术条件,女声的高频和吐字更加清晰一些,传送距离较远,且从口语表达效果看,女性

---

① 中华网.中央人民广播电台在战火中诞生[J].炎黄春秋,2000(12):35-39.
② 中华网.中央人民广播电台在战火中诞生[J].炎黄春秋,2000(12):35-39.

一般优于男性"，这种说法具有一定的合理性。这种男女比例上失调的人员构成在一定程度上影响着解放区广播事业的发展，也对我国后来播音员队伍的发展产生了较大影响。

三、播音员群体中话语规范初步形成：特色鲜明的播音风格成为我国广播新闻播音的重要特征

从延安（陕北）台建立到 1949 年前，齐越等解放区广播播音员不断摸索播音规律，当时播音风格的最大特点是对语言规范性的追求和塑造。张颂在《中国播音学发展简史》中写道："1948 年下半年，陕北新华广播电台制定了《播音手续》《编播发稿工作细则》《口播清样送审办法》等，其中，《播音手续》规定了陕北台播音员每天工作的程序，要求播音员'播音时必须严格依照稿件，不得错漏或更改一字'，'如发现错播，应立即重播'，'若系重大错误，应请示编辑部负责人，正式发表更正'，这些制度的制定和实施，使陕北台和其他解放区广播电台的编播工作更加具体化、责任化、规范化，培养了一批政治立场坚定、业务训练有素、工作认真负责、作风一丝不苟的广播工作者。"这是由当时所播送的内容——政令、文件、政策决定的，同时也为我国人民广播的新闻播音奠定了扎实的基础，可以说是播音语言系统的雏形，"这是语言规范要素生成、系统雏形和系统形成的时期，是新闻播音语言规范的一个亮点"。[①] 播音语言规范的确立从文化输出的角度来看，实现了播音话语的统

① 姚喜双.中国解放区新闻播音语言规范研究启示[J].语言文字应用,2007(3):32.

一性，它是区分不同文化群体的重要标准。由于当时的录音资料已无从查找，但是我们能够从史料中较为清晰地得到一个认识：解放区广播播音员的话语风格与同时期的国民党中央广播电台、租界广播相比，呈现出明显的差异。

本章小结

本章通过对历史资料和文献的梳理，进而对解放区广播电台播音员的年龄结构、性别比例、地域与语言特征、人群来源、从业形式、政治标准等进行了适度分析。又经过进一步的凝练，从解放区广播播音员群体的历史样貌及成因、播音员工作呈现出党的战时宣传的工作特征以及播音员群体对我国广播事业发展的后续影响等三个方面来阐释解放区广播播音员群体的发展状况。更进一步讲，这些问题的核心要义在于，它们和当时解放区的政治生态以及中国社会发展状况有着密不可分的联系。当时解放区广播事业中播音员群体状况的形成确实存在其历史必然性，造成这种必然性的原因是多方面的，其中既有客观环境的约束和局限性因素，也有人们对播音工作以及播音员职业属性的认识问题，还存在对广播事业发展的定位因素，等等。辩证地看，这种历史必然性体现了党在宣传工作中运用广播媒介和播音这种声音形态的自觉性和主动性，这是积极的一面；当然也存在一定的"先天不足"，比如对于播音员的选拔标准相对粗放，选拔方式的科学性和严谨性不够，等等,这可能在某种程度上削弱了解放区广播事业宣传的有效性。当然更应该看到的是,解放区广播事业在播音员的队伍建设环节上已经迈出了坚实的一步,这为我国人民广播事业的后续发展提供了可资参照的雏形和探索的样板,因此其特殊的实践意义和实用价值将载入我国广播电视新闻史册。与此同时,解放区广播时期播音员群体对党忠诚、思想坚定、注重反省的价值观念以及国语标准、正确无误、爱憎分明的播音创作规范等"文化特征",也为新中国成立后政党广播向国家广播的转变以及广播电台的全国布局工作打下了思想和实践基础,这些都为新中国十七年时期播音员群体的后续发展提供了具有实验性与指导性的传播认知。

第三章

传播定位:播音员群体的身份确立

　　2013 年 12 月 28 日,由上海交通大学出版社出版的《一个人与这个时代》在京首发,这本书以央视著名主持人白岩松二十年从业的真实体验与新闻感受为主线,融社会发展史、电视新闻发展史以及个人职业发展史与一体,在书中,白岩松根据自身从业经历提出了"平行逻辑""思想慈善""希望新闻""新闻的核心在于人""好的记者都是啄木鸟""永远不偷懒,不要在别人的结论那里就终止了"等观点,启人深思。而更为重要的是,这本书的名字将作为传播者的主持人与时代发展的大背景紧紧相连,它说明任何一种职业的发展、个人的经历都与其所处的时代背景存在着紧密的联系,不能割裂、不能逾越、不能消解,这对于新中国十七年时期参加人民广播工作的播音员群体而言也是成立的。进一步说,时代的背景既包括播音员群体当时所处的社会、政治等宏观传播环境,也包括媒体发展、组织结构等中观要素,还包含评价标准体系、广播节目样态以及节目内容等微观制约,这些都是播音员群体身份确立的重要依据和适应社会文化发展的支撑要素。

第一节　社会发展对播音员群体身份确立的宏观影响

1949—1966 年,即新中国成立到"文革"前的十七年时间,在我国文学领域,此阶段的文学被称为"新中国十七年"时期文学,新中国十七年时期文学在文艺思想路线上继承了延安文艺座谈会以来的传统。杨东平在《新中国"十七年教育"的基本特征》中指出:"新中国成立后中国共产党的教育的首要任务,是将教育作为巩固新政权、贯彻新的意识形态的工具,通过对知识文化系统的控制与改造,培养造就"无产阶级知识分子。"[①]而与此相类似的是,新中国十七年时期的广播发展也是继承和发扬了以延安新华广播电台为代表的解放区广播的优良传统,一大批优秀的播音员在齐越、孟启予、丁一岚等解放区老播音员带领下,在十七年时期的社会变革、经济发展和政治运动的洗礼中为广播事业注入了新的时代内涵,其中既包含业务实践层面,更包括精神传承层面。广播与文学一样,都是在时代背景中进行政治宣传和意识形态工作的有效途径,而广播较之文学而言,更有其独具的传播广泛性和影响力,在当时也被称为"最强大的宣传工具"。

---

① 　杨东平.新中国"十七年教育"的基本特征[J].清华大学教育研究,2003(1).

一、社会经济发展带动广播发展

1949 年至 1966 年,是新中国快速建设的阶段。党中央根据国家的现状提出了"三年恢复,十年建设"的战略规划。这一时期是以国家发展建设为重点,主流话语也是以"建设"为核心,虽然经历了反"右"倾斗争扩大化和"大跃进"的错误,但总体来说国民经济是在曲折中不断摸索、不断前进。

1949 年至 1952 年是国民经济恢复阶段,这一时期主要是以巩固人民民主专政政权和恢复发展国民经济为中心。到 1952 年底,我国工业和农业产出创造了历史新高,完成了恢复国民经济建设的任务,为下一阶段的计划经济建设奠定了坚实的基础。1953 年至 1957 年是新中国的第一个五年计划时期,主要任务有以下两点:一是集中主要力量开展工业化建设,二是加快对各个领域的社会主义改造。至 1957 年底,国民经济迅速增长,第一个五年计划超额完成。在此期间虽然发生了反"右"倾斗争扩大化等错误,但由于坚持了发展这一核心要务,同时既反保守又反冒进,国家仍然取得了显著的建设成就,奠定了我国社会主义工业化的基础。1958 年至 1960 年是"大跃进"运动时期。由于第一个五年计划顺利完成,工业和农业生产水平得到了较大的提高,中央忽视了客观经济规律,低估了国家建设的艰巨性,盲目发展、急于求成,产生了"左"倾思想,这种冒进给我国经济造成了巨大损失。虽然仍在坚持建设,但却偏离了客观经济规律,夸大了人的主观能动性。1961 年到

1965 的五年，对于我国来说是一个新的发展时期，由于之前"左"倾思想严重，鉴于"大跃进"的失误，中共中央在 1961 年 1 月的八届九中全会上，通过了对国民经济即将实行的"调整、巩固、充实、提高"的八字方针，毛泽东主席号召中国共产党一切从实际出发，大兴调查研究之风，在一定程度上纠正了"大跃进"的"左"倾错误。

在这一总体上以"大干快上"为特质的历史时期，一方面，在全国上下聚精会神建设、生产的背景下，广播作为当时重要的宣传舆论工具，起到了氛围营造、统一思想的传播效果。从史料中可以看到，在这一时期的广播节目中，聚焦工农业生产的内容占有相当大的比重。播音员群体经常深入到厂矿企业、农村体验生活，并与一线生产者座谈、交流，把切身体会带入节目内容的传播过程中，增加了播音创作的时代感、时效性、真实性，当时社会上以"建设"为核心的主流话语在广播节目和播音创作中得到了集中体现。从某种意义上讲，新中国十七年时期的广播和播音员队伍是在"建设"话语中发展和壮大的。另一方面，新中国十七年时期是新中国建立后展示"国家形象"的重要阶段，社会生活中广大人民群众的切身感受和体会是"国家形象"一个层面，而广播媒体通过节目内容和播音员的传播实践建构起来的则是另一个层面的"国家形象"，这一形象将社会生产、进步和人民群众统一的思想紧密融为了一体，广播中的"国家形象"成为中国共产党意识形态输出的重要表现，也取得了良好的成效。这一时期，播音员播出的《鞍山无缝钢管厂建成》《长春第一汽车厂动工兴建》《跑在时间前面的人——王崇伦》等一系列关注国家建设成绩和反映生产中先进人物的新闻报道,感人至深,催人奋进。

二、播音员群体在政治运动中的思想改造

新中国十七年时期间,我国开展了一系列有重大历史影响和广泛社会覆盖面的政治运动,诸如"三反"运动、整风反右、三面红旗、反修防修、四清运动,等等,特别是在阶级斗争严重扩大化的历史条件下,由于片面地理解和执行广播要为无产阶级政治服务的方针,出现了广播跟着政治运动转,政治运动冲击广播,把广播功能单一化、僵硬化、模式化的情况。在这一历史时期,中国共产党十分注意让播音员群体参与到政治运动中,要求其在思想改造中接受社会教育,坚定政治立场,提高思想觉悟。在政治运动中,有一部分播音员直接受到政治运动的冲击或受到错误的批判,也有的因政治问题被调离播音岗位。

在政治运动中,这一时期的播音员群体在思想认识上尽可能纯化自己,从现实的播音实践出发努力端正自己的政治倾向,播音创作与思想改造同步进行。林田、夏青曾经在《做一个红透专深的广播员》一文中这样写道,"一年来的整风,对每个播音员都是一次巨大的考验和教育。去年五月右派分子向播音阵地猖狂进攻,他们恶毒地攻击党的领导,反对播音员必须进行思想改造,反对按政治标准来用人。他们说,播音不应该有政治感情,不要进行思想改造,否则就会妨碍艺术创造。我们要问一问这些右派分子:他们在

广播党报社论时为什么表现得那样'软弱无力',而播送右派向党进攻的言论却'津津有味,努力播好'。难道这不是反党的'政治感情'吗"?① 对思想改造、政治标准、政治感情等的强调说明以林田、夏青为代表的播音员群体对于当时整风运动中坚持政治第一性问题的认可和肯定,而这也直接作用于他们的播音工作与具体创作过程。

与此同时,播音员通过整风运动进一步理清了播音工作的特殊地位和传播定位。例如,"在整风中,对脱离政治的倾向,资产阶级个人主义和无产阶级新闻观点也展开了无情的斗争。有些播音员过分地强调播音工作的艺术性,脱离政治,把政治放在第二位,甚至和政治对立起来。有的人竟主张播音员应采取纯客观的态度进行广播;有些播音员追求个人名利,把工作分成三六九等,争播自己能出名的节目;有的播音员把工作简单地当成把文字变为声音的技术性工作。所有这些错误思想都受到了批判。每一个播音员都应当拔白旗,猛烧歪风邪气,在播音阵地上插上鲜艳的红旗"。② 这段文字说明播音员在对播音工作技术性、政治性与艺术性问题、播音创作中的态度立场与感情基调问题、播音工作与社会知名度问题等已产生了初步的思考,播音员的思想改造从政治层面转入职业发展层面,渐趋深入。

---

① 林田,夏青.做一个红透专深的广播员[J].新闻战线,1958(8):33.
② 林田,夏青.做一个红透专深的广播员[J].新闻战线,1958(8):33.

第二节 人民广播对播音员群体身份确立的中观影响

新中国十七年时期,中国共产党带领中国人民进行了未有模板的道路探索,从政治经济到文化教育等不同领域全面出击,广播事业的发展与同期其他社会文化事业(电影、戏剧、文学、美术等)一样受到了党的高度重视。作为党的宣传舆论工具,中央人民广播电台等主流媒体展开了边向苏联广播借鉴学习、边进行本土改良的实践。经济建设和政治革命的先期成功给广播事业的发展奠定了较为稳定的社会基础和物质条件,同时也对舆论引导和新闻宣传方面提出了更高的要求。由于后期以阶级斗争为纲的"左"倾错误思想的误导,广播事业的发展出现了另外一种转变,广播事业只具有意识形态领域宣传的单一性功能,即所谓"政治挂帅"。

一、人民广播事业的建立与发展

人民广播事业是从 1940 年开始播音的延安和张家口两个新华广播电台发展起来的,后又接管国民党电台、租界广播、民营广播电台,到 1950 年初人民广播电台就达到 49 个。在 1951 年 4 月新闻总署公布《关于建立广播收音网决定》之后,全国广播收音网共有收音站 2155 处、收音员 11 194 人;在各个大城市中,又有收听小组 12859 个和"广播之友"2600 多人(缺武汉、广州等地数字)。全国还有近千个有线广播台。① 到了 1957 年,全国有线广播电台已经有 61 座;到 1962 年初,全国地方广播电台已经建立了 145 座,由此可见全国广播事业发展的速度之快,这在硬件条件上决定了这一时期人民广播播音员群体的社会影响力和传播覆盖面。"回忆起 50 年代在北京上学的时候,我们这一大群'追星族'天天'追'着齐越老师,那是我们每天早晨都要收听中央人民广播电台的'新闻和报纸摘要'节目,同学们坐在那里静静地等着听齐越的声音。每每听到这声音,就使人感到精神振奋,给一天的学习增添了活力。那时已成为习惯,似乎只有听到了齐越老师的声音,这一天才算正式开始。"②广播作为当时的信息媒介,其传播价值在几代人的回忆文章中均有所体现,而播音员这样一个在当时群众心目中具有崇高地位的职业人群也用自身的传播影响力悄然改变着人民群众的生活方式。有论著就指出,广播改变了社会中家庭的空间关系和时间作息,广播作为一种社会化媒体的存在意义在新中国成立初期得到了充分显现。

二、人民广播的"政治动员"功能

广播作为听觉媒体,因其传播速度快、覆盖范围广、感染力强、通俗易懂等特点,成为政治动员最有力的工具之一,这在战争时期得到了充分证明。新中国成立初期,人民广播延续了解放区广播

① 人民广播事业近年来有很大发展[N].人民日报,1951-04-23(3).
② 缅怀齐越教授专辑(一)永不消逝的声音[M].北京:北京广播学院出版社,1997:151.

的政治动员功能,在全国上下齐心协力、统一思想、开展建设的工作中发挥了重要的舆论引导作用。尤其是在交通不便、文盲众多、报纸印刷量不足的条件下,其作用更为显著。例如在抗美援朝之初,中央人民广播电台和地方广播电台通力合作,采用生动鲜活的新闻通讯、文艺节目等形式宣传抗美援朝、保家卫国的历史意义,在全国普及和深入开展抗美援朝运动过程中,全国各地的人民广播电台及其收音网发挥了极大的动员作用。据统计,全国约有200万人(不含部队听众)收听了中央人民广播电台所组织的志愿军回国代表的报告。1951年3月7日,河南人民广播电台举办美日帝国主义暴行控诉会,动员了30 599人在要求缔结和平公约的宣言上签名表态。1951年2月23日,南京人民广播电台为慰劳中朝人民军战士和救济朝鲜难民举办了广播募捐会,共募集资金8亿多人民币。[1] 1951年4月18日—4月30日,福建人民广播电台与福州市抗美援朝分会联合举办了全省范围的"控诉美、日、蒋罪行,反对美国武装日本"广播大会,仅福州就有10万多人收听广播。[2] 以上的事例再一次证明被列宁称为"千百万人的群众大会""不用纸和没有距离的报纸"的广播媒体是进行政治动员的重要方式,也成为当时中国共产党对广大人民进行宣传、文化和思想政治教育的强有力武器。后来听众逐渐感受到的这一时期播音作品中气势磅礴、爱憎分明、掷地有声、大气恢宏等特点与"政治动员"之间就有着密不可分的联系,它是这一历史时期社会政治风貌与人民广播

---

[1]　人民广播事业近年来有很大发展[N].人民日报,1951-04-23(3).
[2]　人民广播事业近年来有很大发展[N].人民日报,1951-04-23(3).

播音风格有机统一的体现。从某种意义上说，这也是解放区广播时期广播媒体对全社会进行"政治动员"的传播形式的延续。

三、"苏联模式"对人民广播事业的影响

由于当时中苏两国的紧密外交关系，这一时期的人民广播较为充分地学习和借鉴了"苏联模式"，左荧就曾经在文章中指出，"苏联广播工作经验从多方面滋养了我们"。在苏联广播经验中，有五点为新中国十七年时期的人民广播所吸收。一是作为一种特殊的宣传工具，广播必须具有鲜明的阶级性和党性。二是广播具有广泛的群众性基础，绝大多数广播节目都应该是播给全体听众收听的，因此需要考虑到所有听众的兴趣和诉求。三是要注意研究广播宣传的方法和形式。四是要培养一支忠实于共产主义事业的广播宣传队伍，不断提高他们的政治思想觉悟和广播业务水平。五是播音工作是广播宣传的重要环节，要加强对播音工作的领导，要加强播音员队伍政治文化修养和播音艺术层面的专业训练。在这一历史时期，人民广播在摸索实践中，逐渐理清思路和方向，并对"苏联模式"进行了本土化调整和改进。

"苏联模式"对这一时期播音员群体以及播音实践的影响，主要体现在播音创作学习苏联播音经验，大量借鉴了斯坦尼斯拉夫的理论体系，重点在台词、发声、朗诵和嗓音科学保护等环节开展训练。1954年7月，中央台的齐越作为中国广播代表团的成员赴苏联交流访问，回国后与崔玉陵翻译了苏联功勋演员符·阿克肖

诺夫的《朗诵艺术》的部分内容,包括呼吸方式、发声吐字、重音停顿、节奏、手势和创作想象、内心视像、内在语以及创作交流等,看似简单的内容却为当时播音员业务提升及播音理论雏形的建立奠定了基础,同时也对我国后来播音学理论的发展产生了深远影响。这一时期,中央台的费寄平也两度赴苏联莫斯科广播电台担任华语播音的工作,她在实践中学习了苏联播音风格中"口语化""谈话式"的特点,并将其经验带回国内,形成了自己独具特色的播音样态。苏联播音员的创作经验和播音样貌是其在三十多年的建设和发展过程中形成的,而当时我国社会政治、经济形势、人民素质等方面的发展阶段处于相对特殊时期,因此这一时期我国播音员群体并没有条件对样态丰富、富于变化的苏联播音经验进行全盘吸收,以至于像费寄平这样业务出色的播音员无法适应当时对播音员的业务实践要求,与当时社会语境中凸显的自上而下、官方宣传的播音要求不相匹配,被称为"跟不上形势",这也从另一方面说明了播音员群体身份的确立与当时播音工作目标之间存在的必然联系。

第三节 广播节目对播音员群体身份确立的微观影响

广播节目作为广播媒体呈现样态的核心要素,以及作为播音员群体赖以生存的微观传播语境,在新中国十七年时期有了较大的发展和变化。在发展和变化的背后,则是广播从业者从懵懂到成熟,逐步探索和实践的过程。尤其是在新中国成立初期,绝大多数进入各大城市的广播工作者都是没有业务准备和工作经验的，很多广播电台是以办报的方式进行播出运转，一方面内容枯燥、稿件缺乏、工作打不开局面，另一方面不知如何组织群众收听，对听众需求估计不足，貌似应有尽有的节目形式却不符合广播传播的特点。为了改变这一"热情投入的闭门造车"状况，广播从业人员在全国广播工作会议精神的指引下分两个阶段走路：第一步是1956年之前，广播节目的类型框架和结构基本成型，第二步是从1957年开始，按照全国第四次广播工作会议的要求，确保节目质量、力求百花齐放，逐步实现了从粗放摸索办节目到突出重点和特色精办节目的转变。

一、发挥广播优势，办好新闻和文艺节目

1956年，全国第四次广播工作会议召开，在总结前一阶段的工作经验、统一认识后，会议重点研究了广播宣传如何改进的问题，并强调要在熟悉和掌握广播特点的基础上，发挥声音、速度和群众性的优势，并对办好新闻和文艺节目提出了具体要求：一是要改进新闻报道，做到又多又快又好，做到真实、生动、有趣味和有立场。二是要扩大节目取材范围，并加强与群众的联系，要从政治上和生活上关心人民。三是要在广播中展开批评，以教育人民和做好工作。四是要根据广播特点对待"百家争鸣"，在广播中开展有领导的自由讨论，培养听众对学术问题的兴趣。五是要贯彻"百花齐放"的方针，有领导地办好文艺广播，提倡在播音上要有不同风格。

六是要让听众听到数量更多、内容更丰富、形式更多样、思想艺术水平更高的精办节目。全国各级广播电台纷纷响应号召，并贯彻落实相关要求。中央台加强了《新闻和报纸摘要》《全国联播》等新闻节目，每天的新闻节目从1949年的4次增加到15次，且以音乐、文学、戏曲为内容的鉴赏性、知识性、娱乐性文艺广播节目不断增加；江苏电台到1957年三四月份，《新闻》节目采用报纸稿件占播出总数从70%左右降至40%左右；云南电台增加了新闻节目次数，丰富了文艺节目内容，将《农村俱乐部》《听众点播的文艺节目》《星期音乐会》等文艺节目作为重点节目来办，同时还加强了具有民族特色和地域文化特点节目的采录工作。这一时期在新闻和文艺节目得到重视后，播音员群体在新闻播音和文艺作品演播的能力上也不断加强锻炼和提升，有的播音员在《新闻和报纸摘要》《各地人民广播电台联播》等重要权威且公信力强的新闻节目中形成了清晰准确、字正腔圆、铿锵有力、朴实真挚、爱憎分明的新闻播音风格；有的播音员则在以广播剧、小说演播、电影剪辑旁白配音为代表的文艺节目的播音中形成了情感丰沛、节奏鲜明、对象感强的语言表达与塑造风格，这一时期涌现出了齐越、夏青、林田、林如、潘婕、费寄平、关山、陈淳等在新闻播音、通讯播音、评论播音、文艺播音等方面崭露头角的播音员群体，由他们创作的《谁是最可爱的人》《县委书记的榜样——焦裕禄》《九评苏共中央的公开信》《烈火金刚》《创业史》《雷锋的故事》《红旗谱》《林海雪原》等作品在当时引起了强烈社会反响，为广播新闻播音与文艺播音树立了典范。

二、精办品牌节目，凸显各自亮点和特色

这一时期，在广播品牌节目的创建方面，各台也有自己的做法和经验。中央台注意对节目内容精选精编，集中精力办好《新闻和首都报纸摘要》《全国各地人民广播电台联播节目》《国际时事》《科学常识》《在祖国各地》《广播剧院》《文艺信箱》《星期演讲会》《少年儿童节目》和《小喇叭》十大品牌节目，并注重根据听众的需要来安排设置节目；1961 年，在政治氛围相对比较宽松的情况下，上海台副总编辑邹凡扬和编辑汪韵策划并在《对农村广播》节目中推出了一个人情味比较浓的固定子栏目《阿富根谈生产（家常）》，以谈生产为主，也涉及邻里关系、婆媳关系、生活小常识，对农民进行社会主义思想教育，在郊区听众中影响广泛。而沪语播音员万仰祖和钱英菲，就是广播里的第一代"阿富根"和"小妹"，他们用对话的方式针对农村群众思想的倾向性问题，摆事实、讲道理，还善于运用歇后语，体现了方言播音在地域性广播中的传播价值；武汉台的《家庭主妇》节目，设有《武汉妇女》《方大姐说时事》等栏目；湖南台开办的既有本地特色又具有知识性的品牌节目《祖国的湖南》，主要是赞颂该省各族人民在社会主义现代化建设中的新人新事和新成就，也介绍本省的山水风光、名胜古迹和地方特产；北京台《对中学生时事广播》节目拥有二三十万中学生听众，准时收听该节目也成为各中学的固定文化活动。应该说，各级电台自办的品牌栏目是广播从业者创新传播理念的结果，它在一定程度上体

现了广播媒体之间的差异化,使广播节目带有鲜明的本地特色和地域特征。从节目名称不难发现,大多数品牌栏目在收听对象、内容定位和话语表达方式上也都具有鲜明的特点,这些基于广播节目层面的革新,既具有时代意义,也符合广播媒体传播的发展规律,值得肯定。由此可见,在不同类型的品牌节目中,如果播音员能够体会并实际应用符合内容和对象要求的播音样态进行信息传递和听觉塑造,这在一定程度上会促进了播音创作业务的发展和繁荣。

三、技术决定样态,广播节目采用"直播"

与当下广播电视以及新媒体的直播大有不同,在新中国十七年时期,因广播技术发展的局限,节目采用直播的方式进行大众传播看起来是有些"不得已而为之"。上海台播音员夏志平在回忆1949年接管国民党上海电台后第一次播音情景时谈道,"我当晚的第二项任务是播出三个公告,这三个文件在丹阳时就已拿到,这些天一直在反复阅读和领会,但困难的是当时只能直播,在一个新的环境里,在这样重要的时刻,面对千千万万听众,要做到一字不差把三个文件全部顺利播出,还是没有完全把握。播出时,只有靠自信和沉着镇静了。这天晚上,我反复播出这三个公告,没有出现过一次差错,算是圆满完成了任务"。[①] 准确无误是当时播音员工作

---

① 知名播音员回忆在上海人民广播电台的第一天[EB/OL].(2009-05-15)[2020-03-04]. http://news.xinhuanet.com/newmedia/2009-05/15/content_11380301.htm.

的绝对标准和原则，而且在很长一段时间直播成为促进播音员业务水平提升的重要因素。播音员的工作强度与工作压力由此可见，尤其是限于当时的通信技术，广播还承担着电报的功能，《记录新闻》就是其中的典型节目形态，承担此项工作的播音员身心压力不言而喻。齐越认为直播是播音员的基本功，播音员应该能够准确、鲜明、生动地完成直播节目。在直播成为工作常态的年代，它迫使新中国十七年时期播音员群体掌握了直播本领，后来有了录音手段，为了保证节目的准确无误，广播电台陆续将专题节目和新闻节目录音播出，这在准确性和规范性上有了进一步保障，能够满足播音创作中精益求精、打造精品的需求，更重要的是可以大幅度降低播音员群体的播出心理压力，但齐越等又根据当时部分播音员因录播而产生的松懈状态提出要将"录音当直播"，目的就是促使播音员保持直播时因压力而产生创作动力的传播状态。直播与录播，一方面体现出传媒技术变革给传播样态带来的变化，另一方面也体现出媒体从业者在不同媒介技术发展阶段所呈现出来的不同传播行为方式与文化适应能力。在早期广播实践中，广播只能直播，出现了录播技术手段后，人民广播全部改为"录播"，新中国成立后第一代播音员群体限于当时的政治生态、媒体发展环境、自身业务实际水平，并没有从深层次理解"直播"与"录播"的传播价值和意义，但是这一群体主动找到了因技术而产生的创作和传播效果差异，并提出了相关对策，这在一定程度上也反映了当时播音员群体对播音业务掌握的熟练及理性认知的深刻程度。

第四节　播音员群体的来源、结构和组织管理

新中国十七年时期，我国人民广播的播音员队伍随着广播事业的发展不断壮大，边补充、边培养，边学习、边实践，来源通道广开门路，组织管理日臻完善，结构特征日趋显现，从"星星之火"到可持续发展，为广播宣传工作的顺利开展提供了人力保障和智力支持。

一、播音员的"五部分"来源

1949 年后，我国人民广播的发展需要大量播音员，且对播音员质量和水平有了更高的要求。从这一时期播音员队伍的来源看，主要有五部分：一是解放区广播时期延续使用的播音员，如齐越、丁一岚、孟启予等，这些延用播音员由于其在解放战争时期的播音实践经验丰富，起到了业务引领和示范的作用，他们在革命精神、政治立场坚定等层面也起到了传承作用；二是组织内部推荐的播音员，例如费寄平就是北京解放不久由中共北京市委城工部推荐使用的，也因为其自身条件优秀，被顺利录用，并在后来的人民广播和苏联华语广播工作中发挥了重要作用；三是社会招考的播音员，例如葛兰就是当时看到了《人民日报》的招聘启事后报名，并通过笔试和面试进入到人民广播工作的；四是专业培养的播音员，例如 60 年代初，徐曼、铁城、雅坤、虹云、丁然、赵培、金峰等就是从当

时的中央广播事业局广播培训班招考进入中央人民广播电台工作的,这也是新中国第一批经过专业培养的播音员。此外,北京广播学院 1963 年开始招收新闻(中文播音)专业的学生,1965 年这批学生毕业后分配到全国各地电台;五是电台内部转岗的播音员,例如方明就是在当时台内播音员紧缺的情况下,通过考核从录音员转岗至播音员岗位的。随着这五部分播音员分阶段充实到人民广播电台中,我国的人民广播事业得以顺利开展。

二、播音员群体的基本结构特征

(一)播音员年龄结构体现出年轻化的特点

据新中国十七年时期广播的有关资料记载,生于 1919 年的孟启予是当时从事播音工作的人员中年龄最大的,但也只有 30 岁,其他如丁一岚生于 1921 年、新中国成立时 28 岁,钱家楣生于 1927 年、新中国成立时 22 岁,齐越生于 1922 年、新中国成立时 27 岁,其他这一时期参加工作的播音员也都是在 20 岁左右,像林如、虹云等参加播音工作时只有 17 岁。整体年轻化的年龄结构是这一历史时期播音员群体的显著特征之一,这也反映了人民广播初创期的发展基础,确实经历了从无到有、由弱到强的队伍建设过程。按照世界卫生组织的界定,45 周岁以前为青年;联合国教科文组织将 16—45 岁界定为青年;中国国家统计局将 15—34 岁界定为青年,显然这一历史时期的播音员群体均处于青年时期。那么这一群体就具有了青年的三大特征:一是生理特征,其作为生物个体的各种发展与成长的特点，无论是体格的发育还是身体器官的成熟，或是性的成熟，都呈现出明显的特点；二是心理特征，青年具有的心理特征最集中地体现在其作为人格个体的各种"矛盾的、危机的、双重的"方面，从心理学家描述青年心理特征时所用的"心理断乳""第二次诞生"等语言中可见，青年具有既充满幻想、充满激情，又有些脱离现实、充满矛盾的特点；三是社会特征，青年的社会特征集中体现在他们作为社会的新成员，作为社会中物质生产和精神生产的新生力量，特别是作为一个社会文化的继承者所具有的新的社会角色上。[①] 在新中国十七年时期广播发展进程中，青年的社会学特征在播音实践中有所反映，青年人这一社会角色的过渡时期与作为党媒的人民广播初始发展阶段所处政治生态环境相互叠加带来的心理适应困难是不言而喻的，有的年轻播音员出现了坐到播音台前就精神紧张、情绪不稳定的情况。当然，也正是这样一批青年群体克服了高强度的播音体能需求（据葛兰回忆，当时因为承担《新闻和报纸摘要节目》，每天需要凌晨两点半起床，三点半到电台开始工作）和广播直播的播音心理压力，用特有的创作激情和工作热情创造性地开展播音工作，值得肯定。

(二) 女性播音员数量仍然占多数

据目前查证的资料显示，新中国十七年时期人民广播播音员群体中，女播音员占有绝对比重，这延续了解放区广播时期播音员性别比例的基本特征。这一时期的女性播音员群体与民国时期女

---

① 风笑天.社会学视野中的青年与青年问题研究[J].探索与争鸣,2006(6):36.

性播音员在职业形象上有本质区别。一方面从这一时期女性播音员的业务实践特点来看，她们摒弃了民国时期过于柔美、无力的表述风格，而呈现状态积极、大气端庄、健康向上的语言样貌，这与其承担党的新闻舆论引导功能有着密不可分的联系。另一方面，作为党和人民的喉舌，这一时期的女性播音员表现出与同期其他行业的职业女性相似的形象面貌——社会主义国家的新女性形象，这与民国时期对女性播音员进行"娱乐明星"的过度塑造有着明显差异，"播音员朱美玲就被誉为报告皇后，'口齿伶俐，娓娓动听'，'红遍整个播音圈'，'拥有大量听众'，而在中央电台主持儿童节目的播音员刘俊英，因嗓音圆润甜美而深受听众欢迎，被称赞为'南京夜莺'"，①这种对于女性播音员形象的表述在对新中国十七年时期女性播音员群体的评价中并未呈现。

（三）绝大多数播音员来自北方地区

从新中国十七年时期人民广播播音员群体的基本资料中可以发现，这一时期绝大多数的播音员来自我国北方地区，这与解放区广播时期的特点保持基本一致，主要是因为北方地区的国语（普通话）水平较接近当时广播播音工作的要求，当时还有不少北方地区的播音员来到南方新建立的广播电台从事播音工作，这在客观上为我国人民广播事业的队伍建设和播音工作的标准统一起到了积极的促进作用。

---

① 龙伟.新的"明星：民国广播播音员的职业生态与社会生活"[J].新闻与传播研究,2013(4):82.

三、组织管理为"单位制"与"师徒关系"的结合

在新中国十七年时期,我国逐步建立起社会主义计划经济体制,这种社会主义的再分配体制集中体现为"单位制"的组织形态,即基于社会主义政治制度和计划经济体制所形成的一种特殊组织,它是国家进行社会控制、资源分配和社会整合的组织形式,承担着诸如政治控制、专业分工和生活保障等多种功能,呈现为城市社会中的党和政府机构、国有事业单位和国有企业单位。因此,这一时期的播音员由以中央人民广播电台为代表的广播事业单位管理,并进一步细化为接受所在广播电台的播音部(组)进行科层化的人事管理,"1954 年,又一批播音员调来中央台。中央台播音组学习苏联经验,对组织结构及其职能做了调整。设艺术指导,由齐越担任;成立了播音员委员会,成员有齐越、夏青、林田、潘婕、李冰,具体负责播出、培训和考核,领导全组业务工作。下设对内播音组,组长:徐恒,副组长:马尔芳、吴景玉;对外播音组,组长:姚琪,副组长:费寄平、陆茜,领导全组业务工作"。① 中央台播音组于 1963 年改为播音部,成为处级建制,这从现代管理学的角度解决了这一时期播音员群体的职业化问题。

与此同时,由于当时播音员工作的特殊性,在这一群体内部自然形成了以师傅带徒弟的方式完成业务学习和实操的"师徒关系"。方明在接受采访时回忆道,"齐越、夏青给我讲过课,林田、潘

---

① 杨波.中央人民广播电台简史[M].北京:北京广播学院出版社,2000:310.

捷、费寄平、葛兰、陆茜、王欢、林如都带过我，葛兰老师带我很长时间。是这些老同志一字一句把我带起来的，是播音部在政治上、思想上、业务上，包括生活上培养了我。60年代初，三年困难时期，冬天，齐越老师看我感冒了还穿这么少，把自己的毛裤脱下来让我穿上。有三句话我永远记得：齐越讲，要玩真的，真情实感。夏青讲，要有切身感受，才能播好。林如说，要处理好句子，才能出意思，你给人传达的是意思，不是这些句子，不是这些字"。① 师徒关系的确立，增加了"单位制"管理模式之外的情感勾连与精神传承，这种"口传心授"的方式在某种程度上软化了"单位制"相对刻板的工作关系，从客观上使得播音部（组）的组织凝聚力得到增强。这一时期播音员群体在传播实践中将师徒伦理关系的一对一、面对面、手把手、心贴心的"传帮带"模式的优越性体现了出来，并一直沿用。20世纪90年代以前，中央人民广播电台所有播音员新入台，台里都会指派经验丰富的老播音员对他们进行专职培养，从专业知识到思想品行进行长达半年或半年以上的专业思想教育，这一做法使中央台播音主持人才备出，"老中青"三代的人才队伍体系得以稳固。前文中提及的中央人民广播电台在2016年实行的"导师制"正是对这一时期建立的"师徒关系"这一优良传统的继承和发展。

此外，在管理模式上，还有一些做法需要说明。20世纪60年代初，徐曼、铁城、雅坤、虹云等年轻播音员进入中央人民广播电台

---

① 吕晓红.这里是中国的声音——中央人民广播电台著名播音员的故事[J].中国广播，2010(9):43.

工作,齐越在他们中间建立了青年队,铁城作为队长,徐曼为副队长,由他们自己管理自己,并且开展业务学习,互相交流思想,同时还指定了专人负责对这些年轻播音员的思想、业务及生活进行指导。这是在特定历史时期人民广播播音员群体创新性的做法,它拓展了"单位制"和"师徒关系"的管理模式,在一定程度上用这种"朋辈教育"的方式鼓舞了年轻播音员的工作热情,有助于他们业务水平的提升。

第五节　播音员群体的选拔和评价标准

新中国十七年时期,播音员作为一种职业被确立下来,除了遵循事业单位管理的规章制度之外,就是要有一套相对完整和科学系统的选拔和评价标准(体系),1952年第一次全国广播工作会议就提出要建立播音员考绩制度。在这一历史时期,播音员选拔和评价标准在一定程度上延续了解放区广播的传统,并做了进一步的完善。政治要求被进一步强化,对文化水平和语言面貌的要求也进一步提升,听众的收听反馈成为播音员进行自我评价和业务修正的重要途径。

一、政治过硬作为首要的评价标准和创作依据

"播音员不仅要有语言条件及语言表现才能,要有相当的文化

水平,更重要的是,要政治挂帅,学习党的政策,改造思想,联系实际,联系群众,站稳无产阶级立场。政治挂帅,才能正确、深刻地理解稿件,才能产生正确的态度,才能在播音中有鲜明、饱满的政治感情。政治是播音创造的依据,没有政治就谈不上什么播音创造,播音就不能动人心弦,就起不到宣传鼓动的作用。"①新中国成立初期,播音员被定位为"一级机要人员",播音员代表的是党和国家的官方声音,他们在进台后,均要以"播音名"出现在节目中,而不能使用本名,齐越与丁一岚在天安门第一次播音使用的就是播音名。由此可见,由于当时人民广播播音员所从事工作的属性,对其政治思想的标准是底线要求,过硬的政治素质和思想认识水平是对其进行评价的首要标准,也是其开展播音工作的创作出发点,这也延续了解放区广播时期对播音员政治素养的要求。关于这一点,在一些反映当时播音员工作状态的回忆文章和个别访谈资料中均能得到印证。

二、文化水平和声音条件是选拔评价的关键因素

毋庸置疑,在播音员选拔评价标准中,声音条件是基础性条件,尤其是在人民广播播音工作日益规范化,选材范围大幅扩大的情况下,据相关资料显示,当时的播音员均具有较好的嗓音条件和普通话基础,而对于语言面貌稍显不足的播音员,则采用老播音员示范和个人扎实训练两种渠道尽快解决语音发声等问题,

---

① 林田,夏青.做一个红透专深的广播员[J].新闻战线,1958(8):35.

像后来为广大听众所熟悉的夏青和林田等播音员都经历了从略显欠缺——学习训练——水平提升的阶段。此外,当时播音员的文化水平也较解放区广播时期有了很大幅度提高,他们中有不少人都接受过高等教育或者较为系统的国民教育,例如当时中央台的齐越、张颂、万里,天津台的徐恒、鲁园等都在大学接受过文学、哲学、经济学等专业教育,这为他们从事播音工作打下了坚实的文化基础。有的文化基础稍弱的播音员,如方明,还积极参加广播电视大学等继续教育来努力弥补自己在文化内涵方面的不足。

三、播音业务的规范和准则得到进一步完善和加强

据相关资料显示,新中国十七年时期我国各级人民广播电台播音部(组)纷纷建立了相对更加严格和系统的工作考评制度和形式多样化的业务学习提高制度,这为当时播音业务的规范和准则的进一步建立完善提供了可靠的制度保障。在各级人民广播电台对播音员的考核制度中,监听制度、稿件审查制度和编辑试播制度最具有代表性,因其对播音工作的指导更加规范和严谨而具实践指导性和业务导向性。在这一时期,我国各级人民广播电台的播音员行业内部形成了较为浓厚的业务学习和研讨氛围,大多以听评节目录音的形式互相切磋和借鉴,这在一定程度上提升了当时播音员业务的整体水平,尤其是从1955年全国第一次播音业务学习会到"文革"前的十年间,我国人民广播播音员群体的队伍迅速

成长,实践水准得到了较大提高,这为我国人民广播播音事业的后续发展打下了扎实的业务根基。

四、听众反馈成为播音员自我评价和修正的重要途径

左荧在《苏联广播是我们学习的榜样》一文中写道:"他们每一个节目都团结着大批撰稿积极分子,包括全国有声望的院士、博士、教授、学者、科学家、作家、艺术家和先进生产者等,他们经常召开听众座谈会。莫斯科广播电台每年至少要召开十五次以上规模巨大的听众联谊会,广播电台的负责人要去参加。编辑、记者、播音员也要同听众见面、谈心。"①新中国十七年时期,我国人民广播播音员群体向苏联广播学习,注重与听众的广泛联系,从听众反馈中获取对节目以及播音情况的合理建议,毕竟当时广播的重要任务就是要向广大人民群众进行宣传和动员,良好的收听体验是做好政治传播工作的前提条件。在齐越等的回忆文章中,可以窥见播音员对于听众的尊重和与他们在长期联系中建立起来的特殊关系,他们彼此真挚相待、互通感受,这既反映了特定历史时期朴质无华的社会集体情感,也在一定程度上促进了播音员播音水平的提升,巩固了人民广播在大众中的传播地位。

---

① 左荧.苏联广播是我们学习的榜样[J].新闻业务,1957(1):8-10.

本章小结

从解放区广播代表政党而非代表国家的属性,到新中国十七年时期代表国家主流媒体属性的确立,我国人民广播的发展发生了质的变化,而所处其间的播音员群体之身份也随之发生改变,从"信号微弱"到"唯一声音",可见传播身份确立的重要性和必要性。当然,播音员身份确立的坐标系包括诸多参数,社会变革、时代进步、科技发展所衍生出的传播平台、传播目的、传播样态、传播标准等连锁反应均为这一时期人民广播播音员群体的身份核准提供了合理依据,当然也是其必须遵照执行的身份职责,所有形成其身份合理定位的原因也集中构成了这一群体话语表达的语境,且又细分为宏观、中观和微观语境,这在上文中均有论述。应该说,这一时期人民广播播音员群体的身份确立是探讨其顺应社会与时代发展的传播定位问题,只有将"我是谁""为了谁"的关键环节理清,才能进一步讨论其符合语境身份的"传播话语",并彰显其对后辈产生影响的独特意义和价值。

第四章
播音范式:播音员群体的话语建构

　　法国思想家福柯(Michel Foucault)将"话语"定义为由语言与言语相结合而成的更丰富和复杂的具体社会形态,是指与社会权力关系相互缠绕的具体言语方式。话语是特定社会语境中人与人之间从事沟通的具体言语行为,包括一定的说话人、受话人、文本、沟通、语境等要素。新中国十七年时期播音员群体作为一个特色鲜明的文化共同体,他们持自身对于时代发展和社会变迁的理解和把握贯穿了对实践方法的探索、对播音样态的呈现、对传播价值的彰显等方面,并构建了属于这一特定人群的传播话语形态——播音范式。播音范式既是后人认识和研究这一时期播音员群体的有效路径,也是这一群体内部顺畅沟通、探讨问题、形成共识的关键基础,当然它也是这一群体有别于同一时代其他文化共同体话语类型的合理依据。因此,对于作为新中国十七年时期播音员群体传播话语的播音范式应该进行一个科学的、系统的、全面的理论研究。

第一节 播音范式的内涵界定

在既往的论著中,研究者常常对播音员个体传播样态的具体行为进行讨论和描述,例如播音风格、播音创作技巧、新闻播音方法、播音语言规范等,可这种基于单一个体、单一问题的表层现象论述似乎还不能展示"为什么""是什么""怎么样"的全方位关照。播音范式的内涵界定是本章要首先解决的框架和边界问题,其次是以问题导向为出发点,深入揭示掌控播音范式的播音员群体是如何呈现具有鲜明时代特征的话语方式的。

一、范式理论的由来

范式(paradigm)的概念和理论由美国著名科学哲学家托马斯·库恩(Thomas Kuhn)提出,并在进行了《科学革命的结构(The Structure of Scientific Revolutions)》(1962)中进行了系统阐述,它指的是一个共同体成员所共享的信仰、价值、技术等的集合,也指常规科学所赖以运作的理论基础和实践规范,它是从事某一科学的研究者群体所共同遵从的世界观和行为方式。库恩指出:"按照其已经确定的用法,一个范式就是一个公认的模型或模式。"①

伊安·哈金在《科学革命的结构(The Structure of Scientific Rev-

---

① 库恩.科学革命的结构[M].金吾伦,胡新和,译.北京:北京大学出版社,2012:24.

olutions）》的导读中写道："对于什么'是'科学共同体，已不再是问题。问题在于究竟是什么把共同体的成员捆绑在同一个学科中工作？尽管库恩并没有真的这么说，但对于任何一个明确的共同体，这都是一个真正有待提出的社会学问题，无论其或大或小，无论其是政治的、宗教的、种族的，或不过是青少年的足球俱乐部，抑或是一个为老年人提供上门送餐服务的志愿者组织。是什么使一个团体聚集在一起，成其为团体？是什么导致了一个团体的分裂，或干脆导致了其瓦解？库恩用'范式'做出了解答。"①

很显然，范式是在科学哲学史理论研究的发展过程中提出的新概念，它是用以区隔和阐释不同科学共同体之间的差异性的重要标准，同时也是共同体内部遵守的基本价值和行为规范。科学范畴内的范式是在长期实践过程中，共同体成员集体创造的结晶，它具有较为鲜明的学科领域特征和时代特征。

二、播音范式的内涵

与科学共同体相比，作为文化共同体的新中国十七年时期播音员群体也具有由自身实践产生的价值和行为范式，在此将其称为"播音范式"。1952年，全国第一次广播工作会议召开，要求"播音员应是有丰富的政治情感和艺术修养的宣传鼓动家"。这一历史时期的播音范式的内涵是：播音员群体在"新国家形象"和"建设"两大主流社会话语的时代背景下，秉持共同的社会主义理想和

① 库恩.科学革命的结构[M].金吾伦,胡新和,译.北京:北京大学出版社,2012:17.

信仰,按照相对统一的有声语言创作方法,有效宣传中国共产党的纲领、成就和意识形态,并依靠广播媒介这一"扬声器"建立起的具有良好社会声誉、服务政治宣传的一种传播模式。

这一时期的播音范式是播音员群体在实践摸索和借鉴吸收的基础上,由外因促进、内因作用形成的,它具有相对稳定性和动态发展性。稳定性体现为一个时期内相对不变,并成为群体内部约定俗成甚至是必须遵守的规范和模式,这是基本要求。发展性体现为根据社会、政治、经济等外部环境的变化以及播音员作为传播主体的渐趋成熟,会对原有播音范式做局部的完善或调整,但保持基本框架不变,这也符合事物发展的普遍规律。

三、播音范式的意义

播音范式既是新中国十七年时期播音员群体的集体智慧结晶,也是其共同遵守的行动指南,具有重要的实践价值和研究意义。其产生和发展具有三点重要基础:一是要彻底打破国民党时期广播播音员的传播形象,二是要充分继承解放区广播播音员的优秀传统,三是认真学习苏联广播播音员的实践经验以及其他相近专业的方法。与此同时,用播音范式来分析和认识特殊时代背景下这一群体的传播实践具有一定的科学性,一方面能够全方位、多角度、分层次、有逻辑地展现当时这一群体的话语方式,另一方面可为后续有关播音员、主持人群体的研究提供一个参照的模型,具有一定的创新性。"播音范式"这一概念的提出是为了更加系统、客观地剖析新中国十七年时期播音员群体的社会学、传播学、文化学特征，它与当时的社会语境也具有必然的同一性、融合性和互动性。

第二节　播音范式的"四大要素"

按照前述的内涵界定，构成播音范式的四大要素分别为播音员群体的价值信仰、创作方法、播音范例（模式）、传播价值。由于社会和历史发展的特殊性，新中国十七年时期播音员群体在播音范式上呈现出整体趋同的发展态势，因此在研究中，对播音员群体取其"最大公约数"的可能性就大大增强。

一、价值信仰的统一性

价值信仰包括两个方面，即播音员群体"党的喉舌"的价值观和坚定的社会主义（共产主义）的政治信仰，这在新中国十七年时期的人民广播发展过程中体现得尤为明显，它是中国共产党在这一时期对人民广播播音员群体的客观要求。《梅益局长一九五五年在全国播音业务学习会上的讲话（摘要）》强调了播音工作首先要有一定的思想水平和充分的思想修养，[①]播音员要通过改造思想、端正立场、钻研政策为播音工作打下坚实基础，并提出播音员

---

① 吉林省广播事业管理局广播网处.播音工作经验选辑[G].1965:2.

思想改造是需要过程的，不能一蹴而就，要真正实现"内化于心"的效果，进而对播音效果产生正向的主导作用。现在看来，播音员群体的价值信仰取向主要是解决了作为传播主体"为谁发声"的问题。

此外，坚持播音贴近群众、深入群众、依靠群众也是这一时期播音员群体价值信仰的又一特征。"为了使自己的播音更加符合群众的需要，按照党的指示，到群众中去向群众学习，老老实实当一个小学生。深入实际向工农群众学习，给播音工作带来了极大的好处，可是在刚开始这样做的时候，还没有充分地认识到，这是我们无产阶级播音员应有的本色。"①当时农村人口占全国人口总数的比重大，以1965年为例，全国人口为72 538万人，其中农村人口为59 493万人，占比82.02%。② 因此对农广播成为当时人民广播重要的节目样态，一些播音员也认识到了深入农民听众的重要性，"了解农民的思想情况，深刻体会农民感情，话才能说到农民心里去。这就要经常深入实际，向群众学习，征求意见，经常保持和农民的联系"。③ 这和毛泽东当时提出的"努力宣传，说服群众，按照具体的环境、具体地表现出来的群众情绪，去做一切动员工作"是吻合的。④ 改革开放后，"三贴近"和"走转改"等新闻媒体行动也是这一传统的延续。

法国著名社会心理学家庞勒认为，现代生活逐渐以群体的聚

---

① 靳德龄.与广大群众同呼吸共命运[G].播音工作经验汇辑，1961：28-29.
② 参见 http：//data.stats.gov.cn/easyquery.htm？ cn＝C01&zb＝A0301&sj＝1965，中国国家统计局国家数据网站，1965年年末。
③ 河北台播音组.到农村去，才能播好农民节目[G].播音工作经验汇辑，1961：67.
④ 毛泽东选集：2版1卷[M].北京：人民出版社，1991：125.

合为特征。在《乌合之众》中他就指出,个人一旦进入群体中,他的个性便淹没了,群体的思想占据统治地位,这一点在这一时期播音员群体的价值信仰上有所体现。1961年,广播事业局出版的《播音工作经验汇辑》收录了时任中央台播音组组长林田的文章——《永远听党的话,做红透专深的播音员》《要做又红又专的播音员》,分别是其在1960年6月全国文教群英会、1958年11月第二次全国青年社会主义建设积极分子大会上的发言,她讲道:"全组同志,更深刻地认识到:广播,是党在思想战线上的战斗堡垒,播音员是党的宣传员,必须坚定地站在党的立场,态度鲜明,感情饱满,准确地宣传党的方针政策;认识到政治是播音的灵魂,没有政治就谈不上播音艺术。经过历次运动的教育,全组同志思想觉悟大大提高,大家更加热爱播音工作,增强了政治责任心,迫切要求学习毛主席著作,要求深入实际向工农学习,改造思想,钻研业务,继承和发扬人民播音员艰苦朴素、严肃认真的战斗作风,更好地为政治、为生产、为工农兵服务。"①

林田在发言中两次提及"全组",即这种思想认知不是个人行为,而是中央台播音组群体内部的统一认识,可以看出在当时的社会发展背景下,塑造统一的价值观和信仰追求成为传播群体的一大特征。这在一定程度上也说明了其内部"组织传播"的客观存在:组织内传播的首要目标就是实现组织内成员的融合、价值的趋同,促使组织成员形成一种集体身份归属感,创造一种统一的价值观,从而使其认识到如何最有效地协同工作,也有学者称之为组织

---

① 林田.永远听党的话,做红透专深的播音员[G].播音工作经验汇辑,1961:1.

内的"同化现象"。作为文化共同体,这一时期的播音员群体的思想认知是一种群体认同,可以引申为一种责任意识,这在中国传统文化的价值系统里也是客观存在的,"按儒家之见,作为主体,自我不仅以个体的方式存在,而且总是群体中的一员,并承担着相应的社会责任。他固然应当'独善其身',但更应'兼济天下'。在成己而成人、修己以安人等主张中,已内在地蕴含了这一要求"①。

二、创作方法的创造性

新中国"十七年"时期,中国共产党对宣传工作十分重视,随着人民广播的不断发展,党对播音员的业务要求也提出了更高的标准。这一时期的播音员群体在创作方法上充分体现了传承借鉴、系统学习、科学掌握、探索实践的思路和原则,将零碎的实践技巧总结为日臻完善的适用于广播媒介的有声语言传播规律,将个体的传播感受系统化为体现共性的实践依据,真正实现了从无到有、由浅入深、由表及里,它是一个边实践边体会、边学习边总结、边调整边提升的能动过程。

(一)借鉴其他语言艺术的训练方法

在播音员群体的早期播音实践中,他们向其他语言艺术学习,借鉴其发声、吐字方法来帮助完善播音创作。1954 年 7 月,齐越赴苏联学习,回国后他将苏联播音工作经验进行了传达,并在实践中

---

① 张岱年,方克立.中国文化概论[M].北京:北京师范大学出版社,2004:313.

大量借鉴了斯坦尼斯拉夫的理论体系。1955 年 3 月，"全国播音业务学习会"召开，邀请了一些著名演员作专题报告，并邀请了著名耳鼻喉科专家徐荫祥、歌唱家张权为播音员讲授嗓音锻炼和保护的内容。之后，中央人民广播电台邀请北京大学林焘讲汉语语音，请中央戏剧学院的专业教师讲发声，请电影演员讲表演技巧。1956 年，齐越和崔玉陵还翻译了苏联功勋演员符·阿克肖诺夫的著作《朗诵艺术》，内容包括呼吸方式、发声吐字、重音停顿、语调、节奏、创作想象、内心视像、内在语以及创作交流等。这些其他语言艺术的训练方法成为这一时期播音员群体开阔视野、拓宽思路，带着问题学习的重要成果，为播音创作提供了更加丰富的语用手段。

（二）强化标准普通话的学习

使用标准的普通话一直是这一时期播音员群体要着力解决的问题，它是一个得到高度重视、循序渐进的过程。一开始是纠正字音。例如，北平新华广播电台时期，有位女播音员就把"大栅栏"错读成"dà zhà lán"，而正确的读音应为"dà shí lán"。1956 年 2 月 6 日，国务院发布了推广普通话的指示，要求全国的播音员都必须接受普通话的训练。中央人民广播电台在当时还聘请了北京大学的语言学家为播音员讲授现代汉语的语音特点、拼音字母、元音和辅音、声调、音节的构造、轻声和儿化、语调、现代汉语标准音的语音系统等知识播音员对语音问题的学习显现出科学化和系统化的特征。在建立语音标准的同时，还对吐字归音的规范性问题作出了进一步要求,如当时在广播中经常出现"尖音"的问题,因此正音成为当时播音员群体强化普通话语音学习的一个主要内容。这一时期,许多方言很重的播音员将规范普通话语音当作一项严肃的政治任务来对待,他们通过翻字典、请教同行等,勤学苦练,取得了一定进步。

(三)把握播音创作的技巧

首先强调准确、鲜明、生动传达稿件思想内容的基本原则:要求播音员正确理解和表达稿件的观点和政策精神,准确找到稿件的逻辑重音和逻辑顿歇,要参透对稿件提出的论点,富有感情和丰富的想象力。其次强调"一切从稿件的内容出发",弄清"播音三要素"(是什么? 为什么? 对谁说?),要根据稿件的中心思想划分层次,尤其是要明确宣传的目的性,用平等、平易、平视对待听众。最后,在准备稿件过程中,可以使用符号标记(小停顿、大停顿、主要重音、次要重音、重要句子、不要间断、加快语速、放慢语速)来帮助记忆。这些内容为改革开放后播音创作基础理论的成型奠定了基础。

(四)掌握新闻播音的创作规律

新闻节目是新中国十七年时期广播的重要节目类型,所占播出比重逐步增加。以中央台为例,《各地人民广播电台联播》《新闻和报纸摘要》《国际时事》等节目相继设置,1960 年 11 月 7 日,中央台的新闻节目增加到 22 次,达到顶峰。此后,由于国家陷入三年经

济困难时期和国民经济的调整,中央台的新闻节目减少至 13 次,
1965 年 11 月 8 日又增加至 18 次。由于日播新闻数量和质量都有
相应要求,新闻播音的创作在这一时期成为播音员群体进行规律
摸索和业务实践的重点。这一时期的新闻播音主要包括消息、通
讯、社论等体裁,要求播音员在处理稿件时,一是要注意绝对准确、
抓住政策性和思想性、态度要鲜明、政治感情要饱满、注重新鲜感
和生动性等基本要求;二是要注重逻辑重音、长句子的处理、播音
语气处理等语言处理问题;三是要注意男女对播时的声音协调、状
态一致的配合问题。

三、播音范例的典型性

新中国十七年时期,新闻播音、通讯播音、评论播音一直是播
音员创作的主要内容,它是中国共产党这一时期做好广播舆论宣
传的重要支撑。这一时期播音员群体的创作可用二十个字来概
括:强调准确、思想先行、立场坚定、情绪饱满、刚劲有力。以中央
台齐越、夏青、潘婕、林田、费寄平、林如、葛兰,北京台恒山、刘露、
章然,天津台关山、鲁元,上海台陈醇为代表的播音员在这一时期
形成了具有特色的播音范例,涌现了《谁是最可爱的人》《县委书记
的榜样——焦裕禄》《九评》等一批载入史册、影响深远的播音作
品。齐越气势磅礴、豪放洒脱的"朗诵式"播音,夏青端庄严谨、铿
锵隽永的"宣读式"播音,林田清新流畅、娓娓动听的"讲解式"播音
以及费寄平宽松和蔼、亲切爽快的"谈话式"播音是这一时期具有

典型意义的播音样式,也正是这些具有典型性的播音范例,将前文中提及的创作方法转化为生动具体的有机整体。① 这一时期播音员群体中的代表人物以及他们的代表作品不仅在广大听众中有较为广泛的影响力,更是为播音员、主持人后续事业的发展树立了业务范本。

(一) 新中国十七年时期:播音"四式",标本示范

1.齐越的朗诵式播音

齐越,原名齐斌濡,生于黑龙江满洲里,河北高阳人,毕业于西北大学外文系,1946 年 10 月参加革命,先后在人民日报社和新华总社担任编辑。1947 年 8 月,齐越从新华总社语言广播部编辑组调至播音组工作,后在北平新华广播电台从事播音工作。新中国成立后,先后在中央人民广播电台播音组(部)任播音员、播音组组长、播音艺术指导、播音部副主任等职务。1975 年,调至北京广播学院从事播音教学工作。1978 年成为我国第一位播音学教授,培养了硕士研究生——中央电视台著名主持人敬一丹、中国传媒大学播音主持艺术学院付程教授、国家语委普通话测试专家姚喜双等,1991 年享受政府特殊津贴待遇。代表作有《敦促杜聿明等投降书》《中国人民解放军布告》《百万雄师横渡长江》《开国大典实况播音》《谁是最可爱的人》《县委书记的好榜样——焦裕禄》《在彭总身边》《巍巍昆仑》等。

① 鲁景超.用声音传播——人民广播播音 70 年回顾与展望[M].北京:中国传媒大学出版社,2011:67.

齐越的播音特点在于情感充沛，这在人物通讯的播音方面体现得尤为明显。他主张播音要动真情，要将自己的真情实感融入播音作品中。例如，齐越在抗美援朝时期创作了引发社会强烈反响的魏巍的作品《谁是最可爱的人》。在起始声音平缓、娓娓道来的映衬下，在播送志愿军战士在松骨峰战斗中和敌人殊死搏斗的情节时，便显现出情绪激昂的播音状态，形成了和之前感情处理的巨大反差，很多听众听后都感觉身临其境。齐越所擅长的"朗诵式"播音就是从这些具有时代感的代表作中呈现出来的：字音清晰、情绪饱满、气势磅礴。此外，齐越的播音与时俱进，表达精准，他参加了审判"四人帮"大会，承担了宣读证词工作。在直播方面，齐越参加了 20 世纪 80 年代初军事联合演习的现场直播解说工作。

2.夏青的"宣读式"播音

夏青，原名耿绍光，黑龙江呼兰人，1948 年入东北大学（今东北师范大学）中文系读书并参加革命，1950 年 5 月从国家新闻总署主办的北京新闻学校第一期毕业后，分配至中央人民广播电台任播音员。1986 年被评聘为全国首批播音指导，1991 年享受政府特殊津贴待遇。夏青是新中国培养的第一代深受人民群众喜爱的播音艺术家。在四十多年的播音生涯中，夏青成功播出了大量党和政府的重要文件、公报、文告、声明，党和国家领导人的重要讲话稿，中央人民广播电台的重要新闻政论、社论、新闻消息，以及古典文学作品等，代表作品有《中华人民共和国宪法》《九评苏共中央公开信》《告全党全军全国各族人民书（毛泽东逝世讣告）》《十一届三中全会公报》等，形成了"宣读式"的播音风格。

1954 年,第一届全国人民代表大会召开,夏青宣读了《中华人民共和国宪法》全文,保证了一个字不错,电台的实况转播让 6 亿中国人民通过他的声音见证了庄严的历史时刻,那一年他 27 岁,刚刚参加播音工作 4 年。后来郭沫若同志对他给予了很高的评价,"三分文章七分读"。1961 年苏共二十二大召开后,我国和苏联在国际共产主义运动的理解上产生分歧,于是分别在各自的媒体上展开论战,从 1963 年 9 月 6 日起,中共中央以《人民日报》和《红旗》杂志编辑部的名义,陆续发表了驳斥苏共公开信的九篇文章,也就是人们熟知的"九评"。当时周恩来总理点名让夏青播音,那一年他 36 岁。应该说,在诸如此类的重要政治传播节点,夏青之所以能够圆满出色地完成任务,并因此形成了他在政论播音上的风格,原因就在于他对政治传播与语言表达逻辑的实践探索路径是准确的。据铁城回忆,"他说只有逻辑才有力量。如果一篇论文,一篇文章,它具有铁的逻辑,那就是我们共产党人的思想,是任何人都驳不倒的。不是说一般的信服,他把人给征服了"①。确实,正如夏青对政论播音中逻辑的理解,均可以在留存的声音资料中让听者产生同样的听觉感受:声音逻辑的背后是思维的逻辑,而且创造性地用心理顿歇取代书面文字的标点停顿模式,听众对夏青的政论播音能够产生"接受期待"——听了上一句,就会等着下一句,这种规律性的把握与认识对后来新闻播音的改革与发展产生了深远的影响。对此,林如曾经回忆说,"我很荣幸,那第七评是他带着我播的。我跟他在播音室里头,两个人一个话筒的时候,一个守着

---

① 参见《东方时空·东方之子》。

那闸，对手要是错了，或者是想修改了，当然是离闸近的那个人来扳一下闸了。我就坐在那个闸那儿，夏青播着播着，他就有一个大停顿，停到一个什么程度呢，我已经摸闸去了，我以为他要修改，我已经想给他关闸了，这时候他张嘴了，他接着说了。我当时就觉得他敢停那么长，然后出去放播的时候我坐那听，恰到好处。"①应该说，有声语言表达过硬的基本功，加上对文字稿件思想主旨、逻辑关系的清晰把握，成就了夏青政论播音的"力度"与"张力"。

3. 费寄平的"谈话式"播音

费寄平，原名费淑英，满族，生于北京，曾就读于北京辅仁中学、燕京大学。1948 年参加革命青年联盟，1949 年初进入北平新华广播电台任播音员，1952 年被派往苏联莫斯科广播电台华语部，承担对华广播的播音工作，后担任华语播音组组长。1956 年被莫斯科广播电台艺术委员会评为特级播音员，回国后担任中央人民广播电台播音组对外组副组长。1957 年再度赴苏联莫斯科广播电台华语部从事播音工作，1959 年回国。代表作有《电影录音剪辑》《阅读与欣赏》等。

费寄平对于"播音范式"的贡献在于其开创了"谈话式"播音的风格。这种播音方式具有较强的交流感，吸收了日常口语中亲切自然、灵活多变的话语特征，在吐字清晰、准确、规范的同时，还呈现出语言流畅平实、语句松紧变化大、字音灵动的音乐性特点。"谈话式"播音风格在当时的语境下显得独具一格：沉稳、大气、含

---

① 参见《东方时空·东方之子》。

蓄,让听众能够入耳入心,它对于 20 世纪 80 年代改革开放后的播音主持工作影响深远,"谈话式"播音样态被广泛使用。这从侧面反映出费寄平对于播音规律和创作实践的深层次理解和合理化把握。

4.林田的"讲解式"播音

林田,原名翁斯英,祖籍福建省福州市,生于天津。1949 年 9 月响应号召参加中国人民解放军西南服务团,随第二野战军进军西南。1949 年 12 月重庆解放后进入重庆(西南)广播电台任普通话和四川话播音员。1954 年调至中央人民广播电台,历任播音员、播音组长、播音部副主任、主任。1987 年离休,担任北京广播学院播音专业兼职教授。代表作有《九评苏共中央公开信》、广播剧《三伏马天武》、配乐散文朗诵《第一片雪花》、专题节目《四川收租院》。

在播音范式的构成中,林田的"讲解式"播音是其中重要的组成部分。如果按照对女性播音员的传统标准来评价,林田并不具有先天的音质音色优势。她的音域不宽,音质不厚,但是她结合自己的特点,经过科学发声训练,将自己的中音区练得圆润自如,且吐字清晰饱满、气息稳健顺畅、转换自然无声。更为重要的是,林田在保证声音形式的同时,更为注重对稿件的理解和对逻辑的把握,并将自己理性冷静的性格特点融进对稿件的创作中,把对稿件深入准确的把握通过"讲解"的语态向听众层层推进和传送,这在其播送历史上著名的"九评"中的《分歧从何而来》《苏共中央给中共中央的信件》等稿件中均有较为充分的体现。

（二）新中国十七年时期后时期：文化传承，实践创新

1.铁城（1939—）

铁城，原名王铁城，吉林省珲春县人。1960年参加北京广播学院第一期播音员训练班，1961年2月分配至中央人民广播电台从事播音工作，历任播音员、播音部副主任、主任，享受政府特殊津贴，全国政协委员。1983年，其他主持《边疆万里行》，受到国家民委和广播电影电视部嘉奖，荣获先进个人称号。播音代表作为《中国工人阶级的先锋战士——铁人王进喜》。

《中国工人阶级的先锋战士——铁人王进喜》是1972年1月27—28日刊发在《人民日报》的长篇通讯，它生动描述了主人公王进喜为改变我国石油工业落后面貌而英勇奋战的事迹，展现出王进喜勇敢、无畏、高尚的革命情怀。这篇稿件方明、齐越也播送过，但是相较而言，铁城的播音创作与稿件内容和精神实质最为吻合，他的声音气势和创作特点也与当时的社会时代背景更为契合。在这部作品中，由铁城塑造的王进喜形象深入广大人民群众心中，在当时掀起了向先进模范人物学习的热潮。这部优秀播音作品的社会传播影响力再次证明了铁城作为齐越等老一辈播音员的后来者所呈现出的传播能力，值得肯定。

吴郁认为，铁城是一位特别用心、善于动脑筋的播音员，他能够汲取夏青和齐越各自的优点，然后再结合自身的特点进行播音创作。他善于总结，提出了可供新闻业务和教学第一线借鉴的规律性实践经验。

2.方明（1941—）

方明，本名崔明德，北京人。1956 年 10 月进入中央广播事业局技术人员训练班无线电发射专业学习，1958 年 4 月到中央广播事业局中央控制室录音科担任录音员工作。1960 年 4 月，调至中央台播音组从事播音工作。1962 年，被安排专门对台湾播音。1965 年 10 月 1 日，方明成为第一个登上天安门城楼参加国庆游行转播的新中国年轻一代播音员。后任中央台播音部主任、播音指导，1992 年享受国务院政府特殊津贴。其播音代表作有《重唱创业歌》《民族正气歌》《在大海中永生——邓小平同志骨灰撒放记》等。

方明的播音创作实践体现出三大特点：一是传承前辈播音员的经验，他曾经在接受访谈时说道："播音老前辈齐越和一些老播音员都是我的老师。当初，他们不厌其烦地帮助我分析稿件的内容、风格和思想运动状态，启发和引导我走自己的路，给我压担子，创造锻炼的机会。"①二是将播音作为有声语言表达艺术进行"精耕细作"。他认为，播音员只有好的嗓音条件还不行，更重要的是要理解揣摩清楚播读稿件的内容、结构、层次、文采和风格，充分领会稿件的深厚内涵以及每一段落、层次的特点，还要控制、把握播音时的感情，达到声情并茂的效果。他曾经说过："我的声音条件并不像人们说的那样宽厚、明快，但我追求的是能表达出稿件所具有的感情和结构特点。每篇稿子都有一个节奏美，每篇文章都有起伏转折，要找出语言本身所具有的旋律，把握好稿子的层次、重

---

① 李莉.字字铿锵声声情——访著名播音员方明［M］.42.

音、顿挫、节奏、语调。"①三是强调练好播音基本功尤其强调了语音规范的重要性。"方明指出,国家在 12 年前就颁布了《国家通用语言文字法》,但是目前对于有声语言的认识,在某些媒体中,特别是某些广播电视从业人员中,仍有不少忽视、轻视乃至蔑视有声语言的现象。"②在方明的建议下,2011 年 11 月底举行的中央人民广播电台第三届"十佳播音员主持人"的评选活动,在现场比赛中增加了汉语普通话的语音辨识抢答环节,这也是对播音员、主持人对字音这一基础问题长期不够重视的有益提醒。

从方明的播音创作观中不难发现其对播音创作基础环节的重视程度。的确,这也正是新中国十七年时期播音员群体播音范式的核心要义:一字一句,准确无误。而准确无误则又是从解放区广播时期"不能播错一个字"(毛泽东对播发《中共中央关于一九四八年土地改革工作和整党工作的指示》的批示)的创作要求沿袭而来的文化品质。

3.常亮(1945—)

常亮,原名侯长生,1965 年毕业于北京广播学院新闻系中文播音专业(大专班)。留校任教不久,被选调到中央人民广播电台从事播音工作。播音指导,中国传媒大学播音主持艺术学院兼职教授,其播音风格为声音清亮、吐字铿锵有力、穿透力强、明快流畅、富有活力等。在 40 年的播音生涯中,常亮长年担任《新闻和报纸

---

① 李莉.字字铿锵声声情——访著名播音员方明[M].42.
② 刘卓.论播音员主持人的语音规范——以方明的语言规范观和审音工作为例[J].中国广播,2012(7);69.

摘要》《全国新闻联播》等重要新闻节目的主播,并多次担任国家重大政治活动的播音工作,如国庆 20 周年、35 周年、40 周年、50 周年的大型庆祝活动的直播,1980 年公审"四人帮"特别法庭的证词宣读任务,1982 年在第五届全国人民代表大会上,常亮和于芳搭档宣读了中华人民共和国《宪法》修正案。

四、传播价值的客观性

"播音员不仅向人民群众进行政治鼓动,传播最新的消息,动员他们热情地投入社会主义建设,而且要传播文化科学知识并向听众介绍文艺节目,使他们能通过广播不断地提高文化水平,在紧张的劳动之后,得到很好的休息娱乐",[①]这是当时中央台播音组在《播音员与播音工作》一文中对自身工作的定位和价值描述,现在看来它比较客观地反映了当时播音员群体的工作现实情况。从传播学的视角看,新中国十七年时期人民广播播音员群体的传播价值更为多元,值得进一步研究和探讨,在此本书借用美国学者詹姆斯·W.凯瑞的传播思想和理论加以分析和说明。在《传播研究的文化取向》一书中,凯瑞将传播的定义分为两类:传播的传递观和传播的仪式观。传递观源自地理和运输的隐喻,指的是为了达到控制的目的,把信号或讯息从一端传至另一端,这与传统传播学理论中的"5W"模式的思维方式是一致的。而仪式观则是指时间上

---

① 吉林省广播事业管理局广播网处.播音工作经验选辑[G].1965:39.

对一个社会的维系,它不是指分享信息的行为,而是指共享信仰的表征。①

(一)传递观的视角

从传播学的传递观点看,这一时期人民广播播音员群体的传播价值主要体现在通过态度鲜明、立场坚定、感情充沛、清晰准确的播音创作实现了信息传达、政治动员、规范语言、树立榜样的作用。具体包括三个层面:一是清晰准确地传递政令、评论、新闻消息等基本信息,尤其是当时的广播技术还不够完善,在广播收音效果不甚理想的情况下,播音员运用自己铿锵有力、科学有效的有声语言表达方式让听众能够相对容易地接收信息。二是借助播音员群体态度鲜明的语言表达,较好地发挥了广播这一社会化媒体的政治动员、说服的作用,进而改变听众态度,达到意识形态灌输的作用。"人们用符号进行交际的时候,符号是形式,思想是内容,一个内容可以有不同的表达形式,在特定的语境下,应选取最佳的形式。为获取最佳的表达效果而对语言材料进行选择和加工就是修辞。所谓'最佳的表达效果',包括语言的准确性、可理解性和感染力,并且是符合传播主体的表达目的的,适合传播对象和场合的得体、适度、适宜的表达。"②而播音员群体的播音创作恰恰是在特定的历史和社会发展环境下,运用自己富有政治感染力的语言修辞

① 周鸿雁.隐藏的维度——詹姆斯·W.凯瑞仪式传播思想研究[M].北京:中国大百科全书出版社,2012.
② 张晓峰,赵鸿雁.政治传播研究[M].北京:中国传媒大学出版社,2011:182.

手段对政治信息进行了加工和优化，他们既扮演好了作为党的宣传员的角色，又用自己的态度渲染使得信息更加"引人瞩目"，让社会成员的观念、态度和情感朝与预设目标相一致的方向改变。三是播音员群体发挥其自身优势，利用大众传播媒介进行普通话语音的示范和推广工作。"1955 年召开的全国文字改革会议、现代汉语规范学术会议指出，电台广播员是语言规范的宣传家，每天有无数的听众有意识地或无意识地向他们学习，他们在普通话的推广上，过去已经有很大的功劳，今后在全国范围内有计划地推广普通话的情况下，他们将起更大的作用。"①

（二）仪式观的视角

"传播的仪式观把传播看作是创造、修改和转变一个共享文化的过程。"②按詹姆斯·W.凯瑞的观点，新闻已不再是信息，而是戏剧。从这一视角来看，这一时期的播音创作不再是运用有声语言进行信息发布，而是一种仪式开始的文化象征，广大听众的收听行为也转化为一种仪式化的传播行为参与。在当时广播作为大众能够普遍接受的单一电子媒介的收听热潮中，播音员群体因其职业特殊性站到了"戏剧舞台"的中央，从某种意义上成为了传播的"主角"，受到了广大听众的追捧，听众、媒介、播音员之间形成了一种特定的"仪式"场域，这从当时留下的一些历史影像资料中可以找到原型：在工厂、农村，听众聚在一起收听收音机或者"大喇叭"。

①　广播事业局业务研究室.播音工作经验汇辑[G].北京:广播事业局,1961:59.
②　詹姆斯·W.凯瑞.作为文化的传播[M].丁未,译.北京:华夏出版社,2005:28.

由此，其仪式的传播价值和传播效果主要体现在三个方面：一是改变了听众的时空概念。"传媒技术进入不同的文化区域，扩展了那里已经存在的独具特色的传统、价值观和生活风格"，[①]当时有听众就回忆说，听了广播播音员的声音和节目才标志着新一天的开始。这一时期的播音员群体为以家庭收听为接受习惯的听众以及户外用大喇叭聚集收听的群众建构了崭新的传授关系和交际联系。二是听众的情感与心理得到了满足。在一些回忆文章中显现出当时有相当数量的听众不在乎播音员播的是什么，而在乎的是他们的声音伴随，并由此形成情感依存和精神鞭策的作用——"以后我无数次地听他播新闻、通讯和长篇小说连播，从很多播音员的声音中一下就能辨认出他的声音，我的感情完全被他左右了，与他播的先进人物同喜同忧，有一种无形的力量攫住我、鞭策我"[②]，类似于此的收听效果是当时的播音员群体没有预计和设置的，而是由听众自发形成的文化心理依赖现象，"约会"收听和对广播的忠诚度已然生成。三是播音员群体充满力量和政治倾向性的播音创作建构了传播仪式中的重要元素——强化或拥有共同信仰，此时播音员的声音传达的不是表面的声音形式，它是强烈的政治思想和意识形态的象征，这客观上对当时的听众产生了信仰聚集统合的作用。四是作为全新媒介的传播形象，当时人民广播播音员群体一改国民党时期电台播音员柔美轻飘的风格，他们代表着新的社会形态下主流传播形态的文化品质与定位，并在一定程度上影响了社会

---

① 罗尔.媒介、传播、文化——一个全球性的路径[M].董洪川，译.北京：商务印书馆，2012：52.
② 缅怀齐越教授专辑（一）永不消逝的声音[M].北京：北京广播学院出版社，1997：140.

大众的审美感受。

从传播学的角度看，这一时期播音员群体的传播价值得以呈现：无论从传递观的信息传达视角，还是从文化学的仪式观视角，新中国十七年时期播音员群体的播音创作实践均为行业后辈的业务发展树立了可供传承、借鉴、参照的样本，广播作为社会化媒体的功能在这一时期因播音员群体的有效传播得以强化：听众听到的是播音员群体的声音，这些声音传递的是党和国家的意图，确立的是主流媒体的功能，塑造的是新国家、新社会的形象，其深刻影响了广大受众的收听习惯和思想意识。

第三节　播音范式的实践误区

这一时期，播音范式基本建立起来后，播音员群体基本能够按照这一话语方式进行传播实践，但是也出现了一些错误理解或者操作偏差的问题，主要表现在两个方面：一是新闻播音"八股腔"问题，二是播音在广播大会上过度使用问题。那么这两种表现具体又有什么特征，为什么会出现这些问题，下文对此加以分析和说明。

一、新闻播音"八股腔"

(一)具体表现

新闻播音"八股腔"主要是指播音员已经习惯了为一切消息规定了一种"固定不变的调子"，很少去为每则新闻寻找最能清楚表达内容的语气，一些新参加播音工作的播音员也竭力去追求类似的腔调。某些播音员还在形式上、声音上去模仿他所爱戴的播音员。这种"八股腔"严重阻碍了播音员对业务的学习和锻炼，影响了广播新闻实际效能的充分发挥。[①]

(二)原因分析

一是对播音范式中典型范例的公式化和概念化的模仿和照搬，没有做到具体稿件具体分析，没有明确不同稿件有不同的播讲目的和播讲对象，导致千篇一律、生搬硬套。二是对创作方法的学习和掌握不到位，导致进行播音实践时捉襟见肘、无计可施，在播读稿件时缺乏应有的创造性，试图用"固定的调子"充当"保险调"，殊不知经典的播音作品和典范的播音风格都是以丰富恰切的播音方法为基础和保证的。三是当时的播音员没有从自己声音条件等客观实际出发，而是机械地模仿业务成熟的播音员的声音和表达方式，可这恰恰忽略了播音创作应因人而异的特点。四是客观上

---

① 广播事业局业务研究室.播音工作经验汇辑[G].北京：广播事业局，1961：77.

由于当时的社会政治生态环境影响,有一部分播音员因为有思想顾虑未能全方位释放,没有充分调动自己在业务创新方面的主观能动性,而是将更多的精力投入在"政治正确"上,满足于不出问题上,这说明那一时期的播音员对于播音范式的理解有些僵化,缺乏灵活性和系统性。

二、播音在广播大会上的过度使用

(一)具体表现

"1959 年和以后的一个时期,曾经过多地组织了各行各业的'广播大会',滥用了这一富有鼓动性的广播形式,助长了不切实际的高指标、瞎指挥、浮夸等不良倾向。根据党中央的指示,中央台在 1962 年对这方面的错误做了检查。"①广播大会的召开,让这一时期的播音员花费了更多的精力投入到这种错误的宣传形式中。天津台播音组在《广播大会的播音工作》一文中还总结了若干实践经验和体会,"广播大会是面向千百万群众进行宣传鼓动的,播音工作既要更为鲜明、热情洋溢和生动有力,又要求播音员有一定的政治风度,做到胸有成竹,灵活自如"。②

(二)原因分析

在这一时期,播音员群体为政治服务、为社会思潮服务、为工

---

① 杨波.中央人民广播电台简史[M].北京:北京广播学院出版社,2000:19.
② 广播事业局业务研究室.播音工作经验汇辑[G].北京:广播事业局,1961:70.

农业生产服务的倾向明显,这是宏观时代背景尤其是政治话语导致的而播音员又无法避免的客观现实。"广播大会"过分强化了播音员不切实际的宣传鼓动作用和播音创作观,这容易导致播音员脱离真实语境、误入以夸张渲染为表征的虚拟语境中,进而对广播大会的现场受众进行错误的思想引导,甚至有可能导致播音员将这种错误的播音创作观带入正常的广播节目制作环节中,进而打破广播新闻等节目原有传播规律,这势必会影响广播节目的传播效果。事实证明,播音员群体还是应该在广播节目中更多地承担起思想传递、信息传达、娱乐大众的传播功能,播音员深入工厂、农村,贴近群众生产生活的目的还是要聚焦一个核心目的:以更加平易、亲和、深入的情态和语态传递信息和表情达意。

本章小结

纵观新中国十七年时期人民广播播音员群体播音范式的形成过程,可以深切感受到其受当时社会政治主流话语的影响,无处不在。这一时期的播音员群体被定位成党的宣传员、鼓动员的角色,这就决定了在政治过硬、信仰坚定、思想统一前提下的播音创作带有鲜明的意识形态传播特点,播音员群体在有限的传播视阈范围内要尽可能发挥有声语言的表达效能。在此情形作用下,播音员群体的播音实践和方法探索时而与广播新闻传播规律相吻合,时而又违背了听觉媒体和播音员群体的传播特性,这是无法回避的客观现实，后人不能对此求全责备，甚至不能用过于学术的观点来评价当时播音员群体的传播实践，毕竟这一群体所扮演的角色是在一个全新的社会形态下的传播先行者。这一时期的播音员群体更多的时候是怀着"摸着石头过河"的时代勇气、"对党和人民高度负责"的政治使命感、"业精于勤荒于嬉"的职业精神在开展工作，并呈现出其传播的特殊性和历史价值：播音员作为党的喉舌的地位被确立下来，播音员在传播实践中"播什么、为谁播、怎么播"的话语核心要素得以确立，以走进生活、走近生产一线、走近人民大众为主旨的群众路线被深度关注，而这些内容都在中国广播新闻发展史和播音主持传播史上打下了坚实的烙印并影响着广播电视播音主持事业的发展和革新。与此同时还应该予以肯定的是，这一时期的播音员群体在曲折中进行话语建构的探索与创新的意识是显著的，他们尊重前辈、继承传统、适度创造的理念和朴素真挚的情怀也有所彰显。这一时期播音员群体在特定的社会语境中，留下的不仅仅是一部部优秀的代表作品，更为重要的是他们将时代语境与传播话语进行合理统一后形成了一种崭新的传播框架和结构——播音范式，这充分展示了这一时期播音员群体尊重传播规律、构建传播话语的能力与品质，它让后人可以从广播媒介的有声语言传播之独特视角去感知这一时期新中国的国家形象，去解读当时中国共产党的舆论宣传策略和政治传播导向。从这一层面来看，这一时期播音员群体因"播音范式"的确立而具有了不可忽视的特殊贡献。

第五章

顺应变革:播音员群体的话语转型

十年"文革"期间,广播已然成为"无产阶级专政的工具"。从传播规律来看,人民广播的性质和任务发生了严重偏离。从某种意义上讲,广播媒介的发展处于停滞甚至是倒退的状态。从 1976 年开始,"拨乱反正"成为政治生态环境的主导态势,尤其是中国共产党十一届三中全会后,全国上下都试图在寻找真理的征途上打开局面,对于人民广播而言亦如此。1980 年,第十次全国广播工作会议召开,重新提出坚持"自己走路"的方针。1983 年,第十一次全国广播工作会议又强调"扬独家之优势,汇天下之精华",人民广播摒弃"读报台""抄报台"的模糊属性,开始按照新闻传播规律开展符合当时我国国情和广播发展实际的"改革开放"实践。改革开放后,新中国十七年时期参加工作的播音员群体大都已经从事播音工作二三十年的时间,积累了相对丰富的实践经验,对于播音工作的性质、定位、创作、样态等问题有了更深层次的理解和把握,他们在传播实践的价值取向上进行了与社会同步的对应性调整,进而推进了其播音范式在变革中的演进和发展:一方面是以"降调"和改变"播音腔"为核心,对"'文革'样板"进行修正工作;另一方面是顺势而为、勇于创新、展开转型主持的实践。此外,这一时期播音员群体中有的播音员除从事广播播音主持工作外,还在朗诵艺术、影视配音、表演艺术等领域发挥自身的专业特长,尤其是新世纪以来,他们依靠着在长期播音主持实践中形成的扎实基本功活跃在各大文艺舞台,也有着不可小觑的文化影响力。顺应社会的发展与变革,积极调整自身的传播角色,对于这一时期人民广播播音员群体而言,话语转型是其在传播实践中的又一次积极跨越。

第一节　播音员群体话语转型发展的背景

改革开放时期的广播发展可以用"改正、改变、改观"三个关键词来形容,首先是改正了"文革"时期将广播作为反革命政治集团舆论宣传工具的错误定位,使之重新回归党和人民的政治立场;其次是改变了"高音喇叭""扩音器"居高临下、刻板僵化、政治挂帅的传播形态,使之重新回归关注民生、顺应民意、赢得民心的群众视角;最后是人民广播的整体传播风貌和舆论宣传效果得到切实改观,这也是建立在"改正""改变"基础之上的必然结果,我国新时期的广播媒体发展逐步走上了既彰显中国特色又逐渐融入全球化的正轨。

一、改革开放的社会生态

1978 年 12 月，中国共产党十一届三中全会之后，国家进入到了社会主义建设的新时期，或者说是历史转折期。经过"文革"十年的动荡，社会生产力水平亟待提升，面对我国当时特有的国情，需要调动国际、国内的有效资源和手段来全面协调生产关系，合理解决人民大众的生活需求与生产力发展滞后的矛盾问题。与此同时，这一时期的社会思潮主要是围绕对"文化大革命"的反思展开的，核心问题是如何看待我国社会主义实践中出现的曲折和失误。[①] 不难看出，对于"伤痕和反思"和对"改革开放"之变的集体期待是这一阶段社会生态的集中体现。中国共产党在这一时期主动改变了"以阶级斗争为纲"的政治局面，各行各业将精力聚焦到社会经济发展中来，无论是家庭联产承包责任制还是放松对文化艺术领域的创作限制，都是在不同层面解放广大人民群众的思想。而作为党的宣传工具的人民广播以及从业人员也浸润在思想解放、发展经济、提高生活水平的主流话语环境中，自然会呈现出一些规律性的发展和变化。

二、广播媒体的顺势发展

正如赵玉明在《中国广播电视通史》中所说，"由于我国地方

[①] 改革开放以来社会思潮的四个阶段，http://study.ccln.gov.cn/fenke/makesizhuyi/majpwz/magwyj/50777.shtml.

大、人口多,广播事业起点低、底子薄,加上林彪、'四人帮'一伙的干扰破坏,广播电视在事业规模、技术设施和覆盖指标等方面都无法满足广大群众的需求",①这正是当时广播媒体面临的现实困境。为了顺应时代的变革与社会转型的需求,广播媒体抓住"拨乱反正"以及展开"实践是检验真理的唯一标准"大讨论的有利契机,顺势而为:一方面,在对广播的硬件设备投入上,国家在财政仍有困难的情况下积极发展和建设卫星广播系统,从技术上解决了广播覆盖问题。1982年底,全国共有广播电台118座,广播人口覆盖率从1980年底的53%提高至64.1%,增幅较为明显。另一方面,广播媒体坚持"自己走路",着力在广播队伍建设、业务水平提升、传播手段更新、节目样态创新等方面下功夫。既根据当时党和国家的路线、方针及政策确定自身的发展方向和目标,又充分发挥广播媒体特有的传播优势。从实际效果看,坚持"自己走路"的办台策略,激发了当时广播从业人员的积极性和创造力,广播媒体在改革开放的时代背景下的发展与繁荣让广播业务工作者在"文革"后重新找准了自己的职业目标和价值取向,这也为广播后续的快速发展打下了思想基础和实践基础。

第二节　播音员群体在主持人节目中转型

改革开放后,我国广播节目进入全面恢复和创作繁荣的历史

---

① 赵玉明.中国广播电视通史[M].北京:中国传媒大学出版社,2006:345.

阶段，一方面广播新闻节目、社教节目和文艺专题节目等得到恢复，广播新闻节目凸显出"短、快、特、优"的特点，广播社教节目内容广泛、紧贴实际，广播文艺节目类型多样、娱乐大众。尤其是广播评论节目的设立，使得广播在改革与创新中发出了自己的"声音"；另一方面广播节目内容体量增加，兼容性强。以中央台为例，"为满足听众花较少时间获取较多信息、知识和娱乐的愿望，增办了《午间半小时》和《今晚八点半》两个综合性节目。前者融新闻性、知识性、服务性为一体，后者融欣赏性、知识性、娱乐性为一体"。① 更为重要的是，20 世纪 80 年代广播电台主持人节目逐步兴起，并推广开来，表面上看这是一种节目样态的外形变化，深层次上看则是广播节目生产和话语方式的传播创新，而这一变革的重要标志就是"主持人"在节目中深度植入和相对固定下来，并逐渐成为节目传递信息和聚合受众的重要载体。新中国十七年时期的播音员群体也亲历并参与其中，其中不乏成功转型为主持人并具有社会影响力的播音员。

一、主持人节目的兴起

1981 年，中央人民广播电台推出的《空中之友》节目是全国第一个采用主持人形式的广播节目，在广播发展史上具有重要的历史意义。此后，从中央台到地方台，广播主持人节目不断涌现，它主要呈现为两种类型：一种是由主持人独立完成采编播等工作流

① 杨波.中央人民广播电台简史[M].北京：北京广播学院出版社，2000：25.

程，可谓主持人与节目深度融合。它要求主持人在策划、采访、编辑、主持、制作等方面都具有一定的能力和水平，例如 1981 年 4 月广东电台创办的《大众信箱》。另一种类型的主持人节目是编辑、记者和主持人合作，编辑、记者按照谈话交流的口语要求进行稿件撰写，由主持人根据稿件内容进行近似于交际口语和即兴口语的"拟态主持"。有的节目主持人也适度参加少量采编工作，但是基本上只是对文字稿件进行语言加工。如当时中央台的《午间半小时》《今晚八点半》和《空中之友》等栏目都属于此类型。

　　"主持人节目问世后，在社会上引起轰动效应，于是各地电台、电视台大有一哄而起的势头。一些专题节目，从稿件到播音明明同以前没有什么变化，也轻率地冠以主持人节目的名称。有些新闻节目播报完毕后，也来一句'是由谁谁谁主持的'。甚至连一般性的广告节目，两位播音员也要申明由他们主持。这种现象波及到文艺演出和各种联欢会、颁奖会，报幕员和司仪也统统改称主持人。虽然存在着不少滥竽充数、名不副实的主持人和主持人节目，但仍没有淹没那些真正的节目主持人和主持人节目的光彩。"①现在看来，主持人和主持人节目在当时的社会语境下引起了较大反响，大多数广播媒体积极立新求变，试图先从外在表现形式上凸显"变化"，但是囿于当时的实践和传媒发展水平，广播从业者对于主持人和主持人节目传播实质的理解认知还存在欠缺，有心"改革"却不知何为改革之根本，试图"开放"却未能真正以开放的视野进行节目革新。

---

① 赵玉明.中国广播电视通史：2 版［M］.北京：中国传媒大学出版社,2006:356.

二、播音员群体的转型

毋庸置疑,主持人节目是广播媒体顺应改革开放的实践创新,而谁来担任节目中的新传播者——主持人呢?恰恰又是新中国十七年时期的播音员群体担任了这一重要角色。以中央人民广播电台为例,20世纪80年代中央人民广播电台相继推出了名牌栏目《空中之友》《午间半小时》《今晚八点半》,1961年进台工作的三位播音员徐曼、虹云、雅坤分别担任了节目主持人。从播音员转型为主持人,节目的定位和涉及的内容要求她们转变语态,以平等、亲和、亲切的"唠家常"方式与听众交流,对于这些已经习惯了传统播音工作,且年龄都在40多岁的播音员而言,这不是一蹴而就的。雅坤在接受采访时表示,自己经过了几个月的适应和揣摩才逐渐进入"角色",为了更加准确自然、带有新鲜感地传递节目内容,她还参与节目采编。徐曼为了让台湾听众接受自己的主持风格,分别让自己的母亲、丈夫、女儿扮演不同年龄阶段的听众给她的节目提建议。转型之难,一是难在要转变传统广播节目的思维方式——从对单一内容的把握到对复杂信息的摄取;二是难在要转变"我播你听"的话语方式——从说教灌输到平等对话;三是难在要转变播音员的工作方式——从单纯的有声语言创作到参与节目的策划、采访、编辑等环节;四是难在从有稿播音到部分内容无稿播音——在创作空间内加强即兴话语表达和交流的能力。而要实现成功转型,以上难点必须同时突破,因为难点之间又是相互作用、互有勾连。事实证明,经过不懈努力和执着追求,她们所主持的节目在社会上均引起了强烈反响。例如《今晚八点半》开播半年,听众来信突破 6 万封,开播第二年听众来信达到 27 万封,这些都与主持人在节目中的出色表现有着密不可分的联系。

第三节　播音范式在变革中演进

在新的历史时期、社会风貌和时代话语中,新中国十七年时期的播音员群体在主持人节目中既有成功转型的自我突破,也有在原有节目样态领域的"再回归",而无论是转型的突破还是"再回归",都说明他们对于广播播音主持的认知和实践没有停留在原点,由其集体构建的"播音范式"在新一轮的变革中不断演进——他们对价值取向做出了对应性的调整,对播音腔与降调问题有了更清楚的认识,对新闻播音的改进有了思考,对主持话语的探索已见雏形。

一、播音员群体的价值取向转变

价值取向是播音员群体的创作起点,从其在改革开放时期的业务实践和工作体会中可以窥见,他们既保持了政治的大局意识,又对新闻传播规律有了新的理解。虹云在《侃听的门道》一文中谈及自己的主持感悟:"1981 年我主持《农民信箱》专栏,

1983 年我被固定在《大众经济》节目 10 多个月,1987 年元旦开始
我又主持《午间半小时》节目。三个节目都是中央电台的,但由
于在不同的时期,要完成不同的任务,节目的方针、指导思想不
同,采用的稿件内容不同,写作特色不同,这就要求同是一个人,
同是主持人方式的播音,也必须播出三种不同的味道。《农民信
箱》想农民所想,急农民所急,为农民解惑答疑,亲切淳朴,乡土气
息浓厚。《大众经济》为适应搞活经济而办,内容小中见大,稿件
短小精悍,形式改变以往枯燥乏味数字式的经济宣传模式,力求
生动活泼,清新明快。《午间半小时》是综合性版块节目,诞生在
改革开放深入发展的背景之下,要和广大听众探讨社会生活的方
方面面,大至国事方针政策,小至柴米油盐,内容包罗万象。要求
主持人播音刚柔并济、多情多义、亲切自然、大方得体。实践使我
深深体会到,认真读好每一篇稿件,一个个地去驾驭不同类型的
节目,始终追求声情并茂,是求播音真经的正道。在这一点上,必
须一丝不苟,才能练得播音的看家本领。"[1]这段感悟虽是其个人
观点,但却具有代表性,从中可以看出当时播音员群体的价值取向
具有以下三点变化。

(一)适应政治话语的转变

"不同时期的不同任务、方针、指导思想""搞活经济""改革开
放深入发展"等这些都是当时政治话语的体现,它们成为播音员群
体创作的宏观语境和话语权的限定,虽然这一时期社会推崇思想

---

[1] 虹云.侃听的门道[J].新闻记者,1994(4):44-47.

解放,但是播音员群体自觉地维护其作为党的喉舌的定位,他们首先考虑的是适应政治话语的转变,这是其传播实践的重要价值取向,媒介赋权是相对的,核心命题是已经规定的。

(二) 找准广播节目的定位

时代语境的变化直接导致广播节目微观语境的变化,播音员群体对此也有较为清晰的认识。对于节目应避免枯燥乏味而体现生动鲜活、应避免假大空而体现以小见大、应避免言之无物而体现答疑解惑,这些都是播音员群体对新时期广播传播定位的朴素理解,虽直白却一针见血,可以直接指导其完成具体工作。

(三) 立足听众接受的回归

新中国十七年时期播音员群体一直有着走近群众、贴近生活、真情表达的传统,但是由于"文化大革命"的导向异化,播音工作长期脱离群众、误导群众,且在当时的听众中形成了负面的"刻板效应"。所谓"刻板效应",亦称刻板印象、社会定型,它是"社会印象的一种表现形式,指对某人、某一社会群体或某事的一种笼统、概括和固定的看法"。① 刻板印象这一术语由李普曼于 1922 年在其著作《公众舆论》中提出,它指的是人们对特定事物所持有的固定化、简单化的观念和印象,是伴随着人们对事物的价值判断和感情判断而产生的认知现象。② 刻板效应也好,刻板印象也罢,都让人

① 　车文博.当代西方心理学新词典[M].长春:吉林人民出版社,2001:177.
② 　操慧,操成.新闻报道的亲和力研究[M].北京:中国传媒大学出版社,2015:29.

民广播以及播音员与受众的心理距离拉大，形成了由于客观历史环境和传播样态双重副作用所造成的传受隔阂。改革开放后，播音员群体逐渐回归到以听众接受为立足点的传播取向上来，明确传播对象、找准对话方式，因为"受众对信息或劝服策略的反应取决于他们的信念、态度和价值观"①，而这首先需要播音员群体做出正确的传播姿态。现在看来，这一取向就是运用播音员、主持人的传播手段，让亲和力在传受关系中发挥作用。"所谓亲和力，指的是报道与受众之间的紧密感、亲切感、信任感、互动性、关注度和接受度"，②这是从受众对报道的感觉出发对亲和力进行的定义。而郑保卫教授认为，"亲和力，是指作用双方在结合中所产生的友好和亲善之力"③，这一定义则是突出双方的情感互动，下文将就此对播音员提高亲和力的具体方式进行阐释。

政治意识、节目意识、受众意识成为改革开放后播音员群体的价值取向，它与新中国十七年时期形成的价值信仰相比向前又推进一步，一是"政治挂帅"的思想和又红又专的意识在表现形式上有所转化，二是走近民众、贴近生活的视角不再僵化，更显细化，三是融入节目认识有所强化。

二、播音员群体在改革创新中的认知与实践

上文提及"文革"结束、改革开放后，十七年时期的播音员群体

---

① 弗格森.传播策划——综合路径[M].柯泽，等译.北京：中国传媒大学出版社，2016：113.
② 古华城.报纸增强亲和力剖析[N].中华新闻报，2003-03-12.
③ 郑保卫.亲和力·影响力·公信力·竞争力——论党报改革发展的四个着眼点[J].新闻研究导刊，2011(1).

在传播实践的价值取向上进行了及时调整，尤其是在与新时期广大听众建立以"亲和力"为核心的传受关系上有了更加清晰的认识，并以此为基点，着重在"降调""播音腔""新闻播音""主持话语"等关键问题上下功夫，他们对这些问题把握准确、思考深入、实践到位，将真实客观、以情动人、注重交流、贴近生活作为创作主旨，以正确的传播路径和手段赢得了广大听众的良好反响，客观上对当时人民广播的健康发展起到了重要作用。

（一）对于"腔"与"调"的修正

一是如何"降调"的问题。关于语调的升降变化问题从新中国成立初期到改革开放大致经过了这样一个过程："五十年代提出要和听众有情感交流，播音语调柔和亲切——不久，政治运动接踵而来，播音语调也不断变化，基本趋向是不断升调，如1958年'大跃进'时的播音。三年自然灾害时期，电台宣传要求"把听众吸引到收音机旁来"，给听众以健康、丰富的精神食粮。这时播音语调"落"了下来，受到听众赞赏。而当再度强调阶级斗争，特别是到"文化大革命"时期，播音语调又变了，成了声嘶力竭、震耳欲聋的大喊大叫，音高音量都到了极限。粉碎'四人帮'以后，安定团结，向'四化'进军，我们的播音语调又逐步恢复常态，听众又感到比较亲切动听了。"①这一发展变化过程在我们与新中国十七年时期部分播音员的访谈中得到了印证，林田、费寄平等还专门撰文就此问题进行讨论。进行"降调"处理后的播音创作重新步入正轨，播音

---

① 话筒前的工作[M].北京：广播出版社，1983：46.

员群体中方明、葛兰播音的《天安门事件平反》，王欢、常亮播音的《年产三千万吨钢》，方明播音的通讯《生活的目标》以及林如播音的《一封终于发出的信——给我的爸爸陶铸》等作品均给当时的听众留下了较为深刻的印象。

二是如何纠正"播音腔"的问题。改革开放后，广播从工厂、农村的群体收听转变为更多地以家庭收听占主导的模式，听众需要的是富于变化的播音风格。费寄平在《播音基础理论探讨》一文中提到，"有些听众说，中央台只有两个播音员，即有一个男播音员和一个女播音员。这说明一些人对我们播音风格的单调呆板、千篇一律严重不满，在播音中，特别是有些音色相近的同志，我们自己也要听半天，甚至听到最后报名才知道是谁。为什么生活中讲话各有特点，而播音中就那么相似了呢？播音员是应当把稿子上的'字'语言化，而不应当使我们的语言'字'化。长期以来，我们形成了一种播音腔，而且越来越'规范'，新参加播音的同志往往只向播音腔学习，而丢掉了更重要的老师——生活"。其实，从问题的症结看，"播音腔"不是新问题，早在 20 世纪 60 年代初，夏青就提出过纠正播音"八股腔"的问题，他指出的也是类似的问题：千篇一律、见字出声、望文生义、惯于模仿等。改革开放后，广大群众思想解放的程度让他们对模式化、样板化的播音样态产生了反感，这严重影响了广播在听众中的公信力和影响力。为此，费寄平曾在论文中给出纠正"播音腔"的相关建议，可以归纳为以下内容：要与听众建立起思想感情上的交流，切实重视收听对象的思想感情问题；要在播音中大胆使用心理顿歇，用丰富的语言色彩让稿件内容更鲜明深刻;要注重在话筒前合理运用声音状态,努力接近生活语言的旋律;要加强用气发声的基本功训练,增强播音语言的创作能力。如果从文化学的观点来看,"播音腔"其实也是一种文化复制现象,只不过这种复制是一种缺失了个性化体验的"机械继承"和"无机模仿"。

(二)"新闻播音"的改进问题

一是对播音规范与语言技巧的强调。"文革"时期,播音只要求政治情感,不讲究甚至不能提倡播音规范和语言技巧,从而导致播音员在业务实践过程中基本功捉襟见肘,表达手段欠缺,这在新闻播音方面体现得尤为明显,它导致的直接后果就是在改革开放后,新闻播音水平与广播新闻改革发展的要求存在差距。"新闻播音,在语言规范、推广普通话方面的要求也是相当高的。多年来我们取得了一些成绩,但是至今还存在着许多问题,吐字不清楚,归音不到家,调值不准确,尖团音、异读字、错别字问题,都需要继续注意,认真加以解决。那些吃字的、嚼字的、撒气的、哼哼的、嘟囔的、乌里乌秃、嘴里像含着个热茄子似的,不适应清新明快的新闻语言要求,应该努力纠正。"[1]夏青在《新闻播音刍议》一文中的这段表述通俗地反映出当时新闻播音存在的规范和技巧问题,文章主要是强调由于问题的存在而影响了新闻信息的传播,此后较长的一段时间,广播播音员、主持人逐步恢复了播音规范和语言技巧的训练和实践。

---

[1]　话筒前的工作[M].北京:广播出版社,1983:12.

二是认识到要尊重新闻的客观真实。葛兰曾在文中谈到，"新闻要用事实说话，要反对说大话、说不切合实际的话。这方面，在'大跃进'时期和十年'文化大革命'期间，我们也有许多深刻教训"。① 可见，经历了"文革"后，新闻播音的客观性问题确实引起了业界的关注。夏青也曾在文中指出，"文艺的虚构和夸张是容许有天马行空的，而新闻则必须绝对忠实于事实的真实性，不容许有半点虚构和夸张，文艺性的真实和新闻性的真实是有着严格的界线的。今后，在新闻播音方面，一定要从新闻是事实的报道这个特点出发，继承和发扬优良传统，以对党对人民高度负责的精神，严肃认真、一丝不苟地对待广播新闻的事实，以朴实真挚的有声语言报告新闻，力戒一切华而不实的表现"。夏青在长期的新闻播音实践中，发现并自觉实践着新闻传播规律，将广播新闻的真实性和客观性原则作为播音创作的根本依据和出发点，显现出其作为广播媒体从业者的新闻素养和专业追求，值得肯定。

三是提出了新闻播音中"说"的问题。20 世纪 80 年代初，在新闻播音创新驱动的背景下，有的新闻播音员提出了"说新闻"的设想并做了一些探索，这在今天看来也是具有开拓意义的，它是基于贴近听众生活口语的目标对传统新闻播音语态进行的大胆创新。夏青敏锐地捕捉到了这一新生现象，他曾在播送《毛泽东同志在解放战争时期为新华社写的四篇新闻稿》时尝试了让"播"尽量向"说"去靠近的表达方式。他在谈及创作体会时说到，"——要完全

---

① 葛兰.把新闻工作优良传统传承下去[EB/OL].http://media.people.com.cn/GB/40606/15305545.html.

做到像口语那样说是不可能的,让新闻播音的语言更加接近日常生活的谈话,并不是把日常生活的谈话照样用在广播的新闻之中,播音语言应当是经过提炼的在更高的水平上的接近生活的语言"。① "说新闻"或者是"播说结合表达新闻"在当下新闻播音工作中仍是需要长期探讨的传播样态问题,而在当时的时代背景下,提出这一问题并给出相应的观点和答案则显得弥足珍贵,意义不同寻常。

(三)主持话语的创新

从当时的节目样态和内容看,主持言语是播音员转型过程中的全新传播实践,前文中已经指出,播音员应对这种转型之变做出了调整,那么具体从言语方式上则是构建了"注重情感——拟态交流——生活语言"的三角形结构,从播音员转型的主持人在节目中的言说方式以及对语言的具体运用都悄然发生着变化。从历时性的角度看,播音员在长期实践中,终于找到了运用广播媒介与受众进行具有"亲和力"的传播的方式,这是一种进步。从共时性的角度看,在当时的社会环境中,确实优于传统播音的表达方式,广大受众乐于接受。这一"三角形结构"也可以看作是后续广播节目主持人言语使用与发展的基本逻辑,以下将结合一篇重要文献——由虹云撰写的《主持人的真、亲、美、活——谈主持〈午间半小时〉节目的体会》来对其进行具体阐释。

一是运用情感传播的优势。新中国十七年时期播音员群体中

———————

① 中央广播事业局选编.话筒前的工作[M].北京:广播出版社,1983:16.

较早转型主持人的虹云、雅坤、徐曼等一改其在"文革"中呈现的"中性"声音形象,而适度将女性节目主持人的情感特质表现出来。"根据《午间半小时》节目的方针和指导思想,结合我本人的素质条件,规定了《午间半小时》中的虹云的形象要求.这就是,一位四十多岁的典型的中年妇女的形象.她既富于母爱深情,同时又是有知识有抱负的知识女性。特征是感情丰富,温柔善良,乐于助人,豁达大度。"① 从传播效果分析,"一般说来,情感型劝服比理智型劝服更加奏效"。② 尤其是在主持人节目中,因为话题内容丰富具体,涉及面广,收听面大,为表现鲜明的立场和态度提供了传播土壤。

二是体现拟态交流的互动。现在看来,由于是编辑提供稿件,所以当时的主持人采用的是"拟态交流"的传播方式,这一方式有两点值得肯定。一方面它强调了"第一人称"和"主持人"的身份,如《今晚八点半》的开始语:"听众朋友,你们好! 八点半到了,欢迎您收听中央人民广播电台的综合文艺节目《今晚八点半》,我是雅坤。"再如,虹云提到的,"尽管大量稿件是编辑采写的,可由于编辑在写稿时考虑到我们每个主持人的个性和语言习惯,我们主持人有条件以个人身份向听众讲既亲切随和又经过深思熟虑的话。当听众感到你办节目严肃、负责,一丝不苟时,他才会感到可信、可亲"。③ 这说明当时的主持人开始以相对独立自主的传播身份在节目中出现,建立起了与听众交流的身份基础。另一方面它使主持

① 虹云.主持人的真、亲、美、活——谈主持《午间半小时》节目的体会[J].新闻写作,1997(10):26-28.
② 李彬.传播学引论:3 版[M].北京:高等教育出版社,2013:219.
③ 虹云.主持人的真、亲、美、活——谈主持《午间半小时》节目的体会[J].新闻与写作,1991(10):26-28.

人能够在节目中以平等、自然、亲近、适宜的传播心理距离面对广大听众。"主持人和听众双方要平等相待。说和听是同时存在的,一个主持人在话筒前要有这种心态:自己坐在话筒前说话,听众朋友也仿佛同时来到自己身边。没人听,说就失去意义。要说话就要尊重听的人的存在,为了听而说。所以主持人说话一定要努力接近听众,接近生活,接近实际,我们和听众近到促膝而谈的地步,彼此仿佛能感到心脏的搏动。通常来说,《午间半小时》主持人的声音距离感控制在一米之内,嘴离话筒的距离大约 20 厘米左右。近了,才有可能亲。"①虹云的经验是在长期实践中摸索出来的,是她在演播空间和对象感确立过程中不断调试的结果,她以听众为重要参考元素的传播动机细致而恰切,因为传播来源(主持人)的动机与传播效果之间存在着必然联系——"传播者的动机如果关乎个人利益,那么劝服功效就大打折扣"②,反之则会产生正向的结果。

三是贴近生活语言的表达。与"降调"、纠正"播音腔"目的类似,主持人根据当时广大听众生活节奏的变化,在节目中自觉运用贴近生活的语言。"作为播音员转主持人的我,叙述什么事的时候,很容易把原来的新闻、通讯的播法带来。规范而夸张,居高临下灌输式的大调套腔一出现,宣传效果也跟说了假话、套话、大话差不多。所以'实话实说',还真练了好一阵子,才抹去了过去播

---

① 虹云.主持人的真、亲、美、活——谈主持《午间半小时》节目的体会[J].新闻与写作,1991(10):26-28.
② 李彬.传播学引论:3 版[M].北京:高等教育出版社,2013:214.

法的'华采'。"①"人在叙事的时候要直截、明了、顺畅,事情是怎样就怎样说,这样就比较好地体现出主持人的诚实品质。人家认为你这人可靠,才会信赖你。"②的确,汲取生活口语的平实、真实、明了、顺畅等特点来编码主持语言,才能获得广大听众自然解码、建立信任的传播效果。这也从侧面反映出播音员在转型主持人的过程中自觉坚守了"真实性"这一新闻工作者应恪守的基本原则和传播准则。

至此,新中国十七年时期播音员群体通过自己对于广播媒体传播规律的不断认识和播音主持工作的转型实践,逐步与听众建立起以"紧密感、亲切感、信任感、互动性、关注度和接受度"为主要参考标准的"亲和力",因变而正、因情而动、因近而亲、因实而真、因诚而信,在广播新闻传播史上留下了他们扎实的实践样本。

第四节　开拓有声语言的艺术传播领域

对于新中国十七年时期播音员群体而言,他们在有声语言传播领域的扎实功底和丰富实践经验,使他们在改革开放后能够适应更为广阔的艺术传播领域创作,如影视配音、朗诵艺术、表演艺术等。他们在跨媒体、跨专业、跨年代的有声语言艺术创作中,再

①② 虹云.主持人的真、亲、美、活——谈主持《午间半小时》节目的体会[J].新闻写作,1991(10):26-28.

次彰显了这一代播音员群体身份转型之后的艺术潜能和文化张力,更是将"风格即人"诠释得淋漓尽致。他们从作品内容和主题出发,却又让作品因自己准确独到的表达而得以升华。

一、影视配音领域

影视配音是比较贴近播音语言的有声语言艺术,主要包括专题片配音、影视剧配音、政论片配音。改革开放后,林如曾为多部电视专题片、系列片担任解说,如 10 集系列片《长征——生命的歌》、12 集系列片《让历史告诉未来》、8 集系列片《共和国之恋》、13 集系列片《绿色长城》、10 集系列片《中流砥柱》等;专题片有《竹》《墨舞》《西藏的诱惑》等。林如为日本电视连续剧《阿信》的旁白配音成为她的代表作。据林如回忆,经过"文革"后,播音员平时高调的播音方式给人的烙印太深,当时人们往往不认为播音员有艺术性、有塑造人物的能力,所以她更加投入地开展工作,最终成就了一次出色演绎。雅坤为《世纪行》《抗洪一九九一》《雪山丰碑》《边关军魂》《太阳之歌》《中国之路》《百年恩来》等作品配音,大气庄重、收放自如的配音风格在电视观众中收获好评。虹云的代表作——央视大型专题节目《话说长江》《话说运河》的配音获当年全国电视专题系列节目一等奖,成为电视专题配音的经典力作。此外,她还为《伏尔加日记》《海上丝绸之路日记》《万里长城》《擎天之柱》《胜利》《星火十年路》《中华文明之光》《情系毛泽东》《新中国外交风云录》《将军世纪行》《反诈骗启示录》等作品配音,她配音的《海峡情思》和《中国出了个毛泽东》获当年新闻电影百花奖，《李冰和都江堰》获当年科教电影金鸡奖。

二、朗诵艺术领域

朗诵艺术是新中国十七年时期播音员群体广泛参与且成绩斐然的领域，这与他们扎实的基本功和他们当时的播音训练方法有着密不可分的联系。他们有的在广播文学类节目中表现出较高的艺术造诣，有的登上舞台进行富有感染力的文学朗诵，也还有的通过录制大量朗读示范音视频产品进行文化推广，无论哪种形式，都是适应我国当下文化建设切实需要的传播再创造。

（一）"齐越节""夏青杯"延续经典的品牌价值

齐越的人物通讯播音感情丰沛、爱憎分明、富于力量。夏青在《阅读与欣赏》中的古典诗词朗诵字斟句酌、古韵尤现、自然朴素，堪称有声语言表达的经典。为纪念齐越先生等老一辈播音艺术家、传承发扬以"齐越精神"为代表的新中国播音事业的优良传统，中国传媒大学播音主持艺术学院于 1996 年创办了"齐越朗诵艺术节"，每届设立一个主题，后升级为"齐越朗诵艺术节暨全国大学生朗诵大会"，如今它已成为全国大学生朗诵艺术最高级别的活动和赛事。2013 年 12 月第十五届齐越节正式确定，齐越节由中华人民共和国教育部、国家语言文字工作委员会主管，教育部语言文字应用管理司、中国传媒大学主办，中国传媒大学播音主持艺术学院承办,并更名为"齐越朗诵艺术节暨全国大学生朗诵大会"。"夏青杯"朗诵大赛创办于 2010 年,以新中国第一代著名播音员夏青名字命名,以此促进朗诵艺术的普及、发展,挖掘、培养播音主持人才。"夏青杯"朗诵大赛作为中央人民广播电台重点文化发展工程项目,始终以传播中华民族优秀文化,提高全民语言艺术欣赏水平为己任。这些经典的品牌价值被后人不断开发,人们用新中国十七年时期播音员群体集体生成的语言典范和文化品格的美誉度、公信力来实现其社会影响力,亦表现出后人对经典的推崇和敬意。

(二)以雅坤、方明、虹云等为代表的朗诵实践

雅坤有大量的诗歌朗诵精品佳作,其中最著名的要数李清照的三首词——《点绛唇》《醉花阴》《声声慢》,至今仍被听众奉为诗词朗诵作品的典范。以《点绛唇》为例,雅坤的朗诵传递出了词的韵味,使整首词充满了画面感,把词中人物的表情、姿态惟妙惟肖地表现出来,将主人公的情趣、心理自然揭示出来。方明朗诵的代表作是古诗词朗诵《岳阳楼记》、散文朗诵《有一个字,与生俱来,排山倒海》。他在朗诵中融入了自己的情志解读,将时代感与历史感完美融合,自成一体。虹云的朗诵代表作《话说长江》,家喻户晓,这为其现代文学作为诵读打下了坚实基础,"虹云的朗诵行云流水,清溪奔流,这表现在她朗诵声音起伏跌宕,高低徐急的处理上,声随情动,音为意推,自然、清新,让人沉醉。任何艺术都是创作者

的灵魂的驿动,都是心灵真善美的表现和述说"。① 近年来,方明、雅坤、虹云等经常以"著名朗诵艺术家"的身份出现在媒体报道中,大幅的现场演出照片展现着他们白发苍苍、精神矍铄的文化形象,他们站在舞台中央,富有表现力的气质和风采给人留下了深刻印象。诚然,由于年龄的原因,他们的声音状态已不能和巅峰时期相比,这是生理自然发展的规律,不能避免,但是他们因为阅历丰富而表达更加精准、更具魅力。他们之所以能够赢得广大观众的赞誉,除了他们在广播电视节目播音主持领域中形成的传播知名度之外,他们多年在有声语言创作中积淀的文化品质,也是让他们延续艺术生命力和文化影响力的重要原因。

三、表演艺术领域

对于表演艺术领域的涉足,天津台第一批播音员中的鲁园是其中的优秀代表。鲁园,1928 年 9 月出生,1950 年毕业于天津南开大学经济系,1950 年至 1970 年在天津人民广播电台担任播音员,擅长文艺作品演播,曾经培养了天津台"金话筒"节目主持人黎明等,现为中国电视艺术家协会会员。据资料显示,鲁园曾参加了近百部(集)影视片的拍摄,主要有《女儿情》(饰春姑妈)、《母亲操劳》(饰母亲)、《道是无情胜有情》(饰将军夫人)、《大学》(饰瞎妈妈)、《晚情》(饰寡妇)等电视剧以及《流泪的红蜡烛》(饰麦收娘)、

---

① 声贯长虹 气势如云——访著名朗诵艺术家虹云[EB/OL].(2014-06-06)[2019-05-06]. http://news.kf.cn/2014/0606/96437.shtml.

《魂荡东洋》(饰孔太太)、《相会》、《大虎》等影片。鲁园因在《守望幸福》中将一位智力障碍老人的喜怒哀乐表演得惟妙惟肖,获得了第 25 届中国电视剧飞天奖优秀女演员奖(2005 年)、第一届韩国首尔国际电视节最佳女演员奖(2006 年)。从事播音工作多年,鲁园专业基本功扎实,擅长播讲长篇小说,她播讲的《风云初记》《苦菜花》等深受听众喜爱,语言艺术的基本功是相通的,从事影视表演后鲁园的台词功底也经常为人所称赞。

本章小结

对于新中国十七年时期的播音员群体而言,他们似乎具有"与生俱来"的言语创造性。在过往的"左"倾社会环境中,他们一直在思考究竟怎样的表达才能清晰准确地传递信息,可政治因素的强有力束缚让他们所有的思考都只能以丰富的心理活动和"点到为是"的实践而存在和延续。改革开放后,解放思想的社会思潮再次催生出他们创新与改良的能动性和潜在能力,他们根据政治核心的变革和受众心理的变化、广播节目的定位,对由他们塑造的"播音范式"进行继承、修正、丰富和创新,逐渐找寻到与政治生态、社会变迁、文化推进相对应的话语表达方式。"话语通过三种途径发挥作用,分别是赋权、限制和建构。福柯指出,话语乃是'系统地构成了人类言谈对象的实践'。比如说,语言就是一种话语:它赋予我言谈的权利,它对我可说的内容作出了限制,它还将我建构为一个会言谈的主体(意即我的主体性是由语言建构和确定的:我在语言中了解自己,在语言中思考,在语言中与自己对话)。"①从这种意义上讲,新中国十七年时期的播音员群体就是在政治话语赋权的前提下,在相对有限的话语空间和创作领域内,建构起符合改革开放这一社会转型期特质的话语传播方式:拥有扎实的语言基本功,保持与时代同步的思维发展方式,调试自身在创作实践中的思想情感,创新独具媒介文化特征的言语输出模式,传播与受众感受相一致的社会信息和心理体验,当然也不能否认的是他们所做出的传播价值取向调整和范式修正还处在起步阶段。与此同时,他们还在愈来愈生动、广阔的语言文化艺术领域中,开拓着自己的语言视野和实践空间,影视配音、朗诵、表演等蕴含着别样语用特征、语体魅力、传播语境、语言审美的有声语言表达活动让这一播音员群体拥有了更大的传播影响力和话语张力,这些活动貌似距离他们原本的广播播音工作远了,但实质上却与他们长期播音实践中积累起来的文化感受和经验有着密不可分的联系,这些活动也重新定义了他们在新时期的群体文化发展特征。

---

① 斯道雷.文化理论与大众文化导论[M].常江,译.北京:北京大学出版社,2010:157.

第六章
自我超越:播音员群体的理论话语创新

　　新中国十七年时期的播音员群体是广播媒介文化族群的重要组成部分,他们不仅在跨时代的新闻传播实践中占有重要的地位、具有特殊的价值,而且在理论话语创新——业务探讨、学术研究等层面他们也有自身独到的体会和见解。他们的研究从实践出发,旨在解决播音员、主持人在节目中的实操问题,如对角色定位的深思、对传播技巧的探讨、对审美标准的阐释等。从他们不同时代的研究成果看,其研究视野渐趋扩大,研究逻辑渐趋严谨,研究角度渐趋创新。从中能够感受到因其职业起始于播音实践,他们对不同阶段业界反映出来的欠缺与不良倾向感到焦虑,对新型节目样态带来的传播新变感到由衷欣喜,而在此过程中,他们从未偏离广播电视媒体有声语言表达"规范、审美、时新、实效"的核心评价标准。这一时期播音员群体较为丰富的研究成果可归纳为新中国十七年时期以政治为导向的播音创作、改革开放时期以主持为亮点的传播演进和21世纪以来以个性化传播为特征的样态革新等三个阶段。从一般性的业务总结、心得体会和研究论文,到专业教材和学术专著,大都蕴含着这一代播音员群体长期对于业界实践的思考,尤其是其中有的播音员转型为高校教师后,他们从人才培养、学科建设的实际需要出发进行了科学规律层面的探索,可谓成果丰硕,且这些成果也相继产生了一定的文献价值、理论价值、应用价值和社会价值。当然,由于教育背景、知识结构、个人阅历、思维方式的差异,他们在研究视角上也显示出了不同的个性,甚至产生学术观点的争鸣,这在价值取向多元的时代背景下均是合理的,也是客观存在的。难能可贵的是他们敢于自我超越,由实践之学向理论之术不断延伸,在规律化、科学化、体系化方面进行了有益开拓。

第一节　理论话语的研究语境及阶段性成果

新中国十七年时期的播音员群体经历了多个社会历史发展阶段,他们在播音主持实践领域精耕细作的同时,还经历了政治风波、人生曲折与磨砺,这些都加深了他们对所从事工作的切身体会与理解。他们的观点多是源自于自身的丰富实践,他们勤于积累、善于思考、肯于学习,与时代发展同步,与广播电视媒介变革同步。从研究方式看,他们的研究往往是从点滴工作感受、某一个节目变化、某一类传播现象生发出来的,以点带面,逐步形成对体系和规律的认识和构建。因为他们身份的特殊性,所以他们自觉地担负起了播音主持专业与学科发展的必要准备工作——理论研究。实事求是地讲,对于一个年轻的专业领域而言,这是具有相当难度的,面对"万丈高楼平地起"的学科研究基础,他们以这一代人特有的文化底蕴、社会阅历、精神品质担负起了"建设"的责任。在新中国十七年时期"凸显政治与国家意志"的社会语境下,他们的研究更多地呈现出理论研究与政治要求高度的统一性;在改革开放时期"注重反思与实践革新"的社会语境下,他们的研究更多地呈现出理论研究与业务实践的重合性;在新世纪以来"彰显个性与颠覆传统"的社会语境下,他们的研究更多地呈现出理论研究对传播主体的批判性。

一、新中国十七年时期

新中国十七年时期的社会语境直接影响着播音员群体的实践,围绕构建"新中国国家形象""政治挂帅""阶级斗争为纲"等政治倾向,当时的播音员没有更多的创作选择。他们当时也撰写了一些关于实践探索的文章,以1961年8月出版的《播音工作经验汇辑》为例,共刊载了23篇文章,篇幅不长,大都在两千字以内,文章的标题多以"永远听党的话""做又红又专的播音员""政治是播音工作的灵魂""政治挂帅,播音工作大跃进"等呈现,即便是夏青撰写的《广播员的读音问题》一文,也是以毛泽东语录"……语言这东西,不是随便可以学好的,非下苦功夫不可"作为文章的导语,政治倾向性在当时播音员群体的研究中普遍存在。当然,这一时期也理清了一些问题,比如播音工作的党性原则、群众路线等,由中央台播音组集体讨论、夏青执笔完成的《克服报告新闻的八股腔》提出了要"正确认识广播新闻的特点和要求"，虽然观点尚不够清晰，但从理清创作关系的角度说还是往前推进了一步。总体看来，这一时期的理论研究与政治要求具有统一性，政治属性成为理论研究的逻辑起点。

二、改革开放时期

"文革"结束后，广播播音实践逐渐步入正轨，回到正常的语调上来，尤其是改革开放后，主持人节目和节目主持人的兴起让广播媒体焕发出活力。这期间，以"反思与革新"为核心的价值讨论和实践模式在社会上广泛推开，新中国十七年时期播音员群体在这一阶段也有相应的理论研究成果，且更加深刻和系统。其中，80年代初期中央台夏青的《新闻播音刍议》、费寄平的《我对改变播音腔的一些想法》、北京广播学院齐越的《播音创作漫谈》、张颂的《浅谈播音情、声、气的关系》《研究播音理论是一项紧迫的任务》等文章对播音有声语言创作问题进行了进一步的科学梳理和归纳，还有对一些广播播音业务新发展进行思考的研究文章，如葛兰在《真听、真问、真交流——播访问对话的点滴体会》中，就曾经谈到其在中央台《学习》节目中担任"访问对话"的播音工作，因为节目形式创新，节目还在摸索尝试阶段，她也是一边体会、一边实践，并总结了三点经验："录音前，对主讲人讲话的内容，主题、重点、层次，心中要有数。提问时，要恰到好处，从听众着想，符合听众心理。录音时,要为主讲人铺路,当好配角,要真听,真问,真交流。"①20 世纪 90 年代,北京广播学院的张颂相继推出了《语言传播杂记》若干篇,吴郁相继撰写了《当前新闻播音的传统与创新问题》《热线谈话与主持人素质》等文章,对广播电视播音主持的新业务、新问题进行了案例分析和观点阐述。与此同时,应业界实践和人才培养的需要,徐恒独著的《播音发声学》、张颂独著的《播音创作基础》、吴郁主编的《播音学简明教程》等专业教材也相继问世,这些成果集纳整合了前人的研究成果,并进行了相对科学的系统化,为张颂主编的《中国播音学》的出版打下了扎实的基础。从整体上看,这一时期的理论研究与业务实践具有鲜明的重合性,业界出现什么问题、有什么新发展,研究者就会敏锐地捕捉并进行研讨。由于身份的转换,徐恒、陆茜、马尔芳、张颂、吴郁等作为新中国十七年时期播音员群体中的代表,实现了从电台播音员到大学教师的转变,他们将参加实践的优势与教师的科研工作职责紧密结合,逐渐在北京广播学院播音系形成了具有鲜明特点的学术阵地,对我国播音主持人才培养和理论研究工作起到了重大作用。

三、21 世纪以来

21 世纪以来,以互联网技术发展为标志的信息技术革命成为定义时代的最关键因素,信息方式的改变彻底改变着人们的思维和生活方式,大众传播方式也已然被裹挟在这场信息化浪潮中。

---

① 葛兰.真听、真问、真交流——播访问对话的点滴体会,现代传播,1984(1):24-28.

巧合的是,吴郁在《主持人的语言艺术》中,将主持人节目的传播特色总结为"个性化、人格化、人际化、互动性"。① 这一观点的提出在1999年,恰逢新世纪,确实也如她所说,主持人节目和节目主持人在新的社会语境下呈现出"去中心化"、崇尚个性化表达,甚至是颠覆了传统的有声语言传播模式等特点,这其中有一批优秀的播音员、主持人顺应了新变化、新要求,他们已然进入了这一时期的研究成果中,例如吴郁这一时期的论著《当代广播电视播音主持》就较为全面地展现了这一时期播音主持领域中的优秀代表和典型案例,并进行了深入分析,下文对此将予以详细阐释。当然,诸如弱化播音主持传播基本规范和标准的错误导向也作为反面例证呈现在研究者的论述中,如雅坤在《安全播出高于天》一文中提到,"有一次,有位主持人拿起听众来信的信封就读,先读了一个地名,接着说了一句,'下面这是什么字啊?'连这个话都播出去了。他该问谁呢? 只要认真准备了,就不会出现这个问题了。这样的工作状态,播音员主持人不出问题是偶然的,出问题是必然的"。② 很显然,"安全播出"的准确无误对于雅坤这一代播音员而言是扎根思想深处的传播定律,是他们传承了几十年的优秀传统,在以个性与颠覆为主流的播音主持语境中,雅坤提出这一问题,代表的是新中国十七年时期播音员群体的传播价值观,她还在文中进一步强调了"主持人身份定位"的理论观点——"当然现在形势发生变化了,主持人的职权范围比过去的播音员要大得多,但是有一点是永远

---

① 吴郁.主持人的语言艺术[M].北京:北京广播学院出版社,1999:6-8.
② 雅坤.安全播出高于天[J].中国广播,2010(4).

不变的，那就是你作为党的新闻工作者的性质不能变。"①显然，新中国十七年时期播音员群体在这一阶段的理论研究对播音员、主持人传播现象的辩证批判性更强，也更为理性和客观，体现出理论研究对传播主体的批判性。这一阶段，由于新中国十七年时期播音员群体大多已离开工作岗位，且已逐渐进入老年，所以研究论著不足。张颂、吴郁二位由于从事专业教学、比赛评奖、行业培训等，能有较有分量的理论研究成果产出，且社会影响较大，下文会对此做详细阐述。

第二节 代表人物及理论成果

"播音与主持艺术专业是中国特有的学科门类，该学科的缘起、发展和繁荣与中国特有的历史文化语境、媒介文化观念等因素密不可分"，②它先有实践后有专业，先有专业后有学科，而从实践到专业、从专业到学科的发展则主要依靠新中国十七年时期的播音员群体。这一群体在实践中总结，在总结中归纳，向其他学科旁征博引，向本专业领域内部纵深挖潜，最终让"中国播音学"有了自己的学科归属和专业话语权。其中，齐越、夏青等老一辈播音员的勤于思考，徐恒、张颂、万里、吴郁转战高等教育人才培养的学术创造，都为这一"口耳之学"登入学术大雅之堂向前扎实地迈进了一

---

① 雅坤.安全播出高于天[J].中国广播，2010(4).
② 战迪，刘琦.播音与主持艺术批评[M].北京：中国广播影视出版社，2015：1.

大步。限于文章篇幅和研究的需要,本书从中选取了具有代表性的四位,从其文化阅历、专业素养、价值信仰谈起,阐释他们的学术探寻之路,并说明其特有的理论贡献。

一、徐恒:让播音艺术语言音声科学化

徐恒,毕业于南开大学,据原天津台播音员、现天津师范大学播音系主任贾宁回忆,"徐恒在南开大学的朗诵是极其有名的,在每次学生运动的集会上,就是一名热情奔放的革命行动的鼓动者"。[①] 1960 年徐恒调入中央台播音部工作,"日后,徐恒成为北京广播学院(今中国传媒大学)的开创者之一并首创播音语音学,也是天津播音人的骄傲"。[②] 到北京广播学院任教后,徐恒承担了语音发声方面的课程,1985 年出版了《播音发声学》,正是这本体量不算大的个人专著,真正实现了播音艺术语言的音声科学化,让"口耳之学"的口传心授真正转化为科学规律和训练方法,她将播音员的声音要求归纳为"准确规范,清晰流畅;圆润集中,朴实明朗;刚柔并济,虚实结合;色彩丰富,变化自如"。[③] 按照实践规律,她将发音和吐字作为播音发声学的重点内容进行论述,着重训练播音的基本功,包括气息(呼吸)控制、喉部发音(声带)控制、共鸣控制,吐字——口腔控制。并将吐字发声的感受总结为:"气息下沉,喉部

①② 贾宁.天津人民广播播音事业的成长之路[J].天津师范大学学报,2005 增刊.
③ 徐恒.播音发声学[M].北京:北京广播学院出版社,2003:10-11.

放松;不僵不挤,声音贯通;字音轻弹,如珠如流;气随情动,声随情
走"。① 书中还将一些涉及语音学、心理学、人体解剖学、物理声学
等学科的专业术语与播音发声学有机结合,用翔实的数据和示意
图将问题进一步解释清楚、到位,从理论体系构架和写作规范上使
播音发声进入到科学理论的层面,并将其推而广之。徐恒作为中
国播音学的重要奠基人之一,她用自己严谨的治学态度将多年的
播音实践科学化、规范化、系统化,这是一项艰巨的研究任务,更是
一项在借鉴其他学科的基础上具有一定原创意义和价值的研究成
果,它为中国播音学传统学派的建立起到了不可忽视的作用。

二、张颂:构建了中国播音学学科体系

张颂,作为中国播音学的集大成者,主编了《中国播音学》,著
有《播音基础创作》《朗读美学》《播音语言通论——危机与对策》
《播音主持艺术论》等,其在播音主持专业学科领域内的地位非同
一般。"张颂教授出生于 20 世纪 30 年代,他毕业于北京师范大学
中文系,执教于中国传媒大学播音主持艺术学院,被评为教授、博
士生导师。他经历了抗日战争、解放战争,在如火如荼的十七年时
期于中央人民广播电台从事播音工作,他是动荡'文革'岁月的亲
历者,又见证了中国新时期以来广播电视传媒摧枯拉朽的时代风
云。在他的批评文字中,饱藏着厚重的历史感,人文学者的扎实积

---

① 徐恒.播音发声学[M].北京:北京广播学院出版社,2003:51.

淀又锻造了他行云流水的生动文风。更为重要的是，在他的批评观中，昂扬着知识分子悲天悯人的精神品性，他不甘于在泥沙俱下的时代漩涡中沉沦，以知识分子固有的执着与热情向消费大潮宣战……正是在他的带动下，经典播音学被搭建成形，语言传播精英观念作为固有文化传统在我国主流媒体细水长流，常澈常新，随着时代的推进不断焕发出崭新的生命活力。"①青年学者战迪对张颂播音主持批评家的角色定位进行了较高的价值评价，具有一定的借鉴意义。

从专业本源上看，在张颂的论著中，可以感受到其中文的学术功底与对播音语言的认知浑然一体，其观点和论证表述不同于一般新闻传播学的学术语言，更加凸显汉语言文学的生动具体、引经据典、人文情怀，他对于播音主持的热爱溢于言表，对专业规范的坚守义正词严，对后辈成就的期待直抒胸臆，这些均在其论著中显现；从研究成果上看，他就播音主持工作者对经典播音学的继承发展、播音主持语用规范、有声语言传播原则、理论研究规范等问题都有着自己的"一家之言"和"一定之规"。"1982 年 1 月，张颂发表《研究播音理论是一项紧迫的任务》一文，文章构筑了播音理论研究的框架，并由此拉开了播音学研究全面发展的序幕。1983 年，张颂出版了专著《朗读学》，内容涉及朗读规律、具体感受、态度情感、目的对象、朗读状态以及停连、重音、语气、节奏等朗读技巧，并对文字语言转换为有声语言创作的基本要求、基本流程、基本规律进行了总结。此书立足于朗读的独特性，进行了建立学科体系的

---

① 战迪,刘琦.播音与主持艺术批评[M].北京:中国广播影视出版社,2015:51-52.

理论探索,构筑了播音创作基础理论的基本框架,成为中国播音学学科建设的前奏。"①进入 20 世纪 90 年代,张颂独著的《播音创作基础》《播音语言通论——危机与对策》《语言传播文论》相继出版;进入新世纪,他又出版了 50 万字的专著《播音主持艺术论》。

在《播音主持艺术论》的序言中,他曾经写道:"我自己,不过是个'符号'而已。2007 年 9 月,我竟然获得了国家级高等学校教学名师奖,实在自惭形秽,只有愧领。不过,它代表了我们这个学科,我们这个教学,心里确实感到自惭形秽,只有愧领。不过,它代表了我们这个学科,我们这个教学,心里确实感到了温暖! 这个符号究竟不是虚拟的! 但是,前路漫漫,难道真的可以解脱、可以松弛了吗? '廉颇老矣,尚能饭否? 一日三遗矢。'我仍要坚持自己的座右铭'尽人力,听天命'……"②可见,播音实践、学术研究、人才培养已然融汇到了他的人生经历与感悟之中,他对于中国播音学体系建立的卓越贡献与社会给予他在学科领域内的美誉度、权威性相辅相成。

三、吴郁:将节目主持理论系统化

吴郁是新中国十七年时期播音员群体中相对年轻的一位代表人物,她生于 1945 年 5 月,1965 年 7 月作为北京广播学院新闻系中文播音专业第一届毕业生分配至中国人民解放军福建前线广播电台任播音员,"文革"开始后坚持播音工作至 1971 年 4 月,后调入

---

① 郁梅.新中国播音创作简史[M].北京:中国传媒大学出版社,2016:126.
② 张颂.播音主持艺术论[M].北京:中国传媒大学出版社,2009:序言.

中国人民解放军航空兵第 7 师、第 50 师任政治部干事，1979 年 11 月，转业回北京广播学院播音系从事教学工作，后被评为教授、硕士生导师，2009 年退休。从教后，吴郁主要从事播音基础、节目主持艺术的教学与研究，主编《播音学简明教程》《主持人思维与语言能力训练路径》，著有《当代广播电视播音主持》《主持人的语言艺术》《电视节目主持人综合素质研究》《谈话的魅力》等。对于节目主持理论的探究是吴郁理论研究的主要方向，从 1993 年开始，她相继发表了《热线谈话与主持人素质》《主持人即兴口语特点探讨》《主持人语言个性的层面分析》《听听白岩松要对我们说什么——评〈面对面〉中的白岩松》等文章。进入 21 世纪以来，她又相继发表了《主编主播制：形式变革之后的观念更新——关于北京电视台〈晚间新闻报道〉的几点思考》《21 世纪主持人的新标高》《"说新闻"口语、方言词汇运用对风格的影响》等论文，实时关注了广播电视节目主持领域一些阶段性的新问题、新现象，提出了新概念、新思想、新论断，这一方面使得广播电视节目主持理论更加系统化，另一方面也将中国播音学理论的框架结构进行了学术视域的拓展和研究范畴的延伸。

对于吴郁学术成果代表作的意义和价值，原国家广播电影电视部副部长刘习良曾在吴郁代表性著作《主持人的语言艺术》的序言中这样评价，"近年来，出版了不少有关广播电视节目主持人的书籍。其中一部分是节目主持人撰写的个人经历和从业体会；一部分是记者编辑对著名主持人的介绍；还有一部分是理论工作者关于节目主持人的通论式的著作。这三类书籍各有各的优点，各有各的用处，都拥有或多或少的读者。但是，专门论述节目主持人语言艺术的专著还是不多见的。而语言艺术恰恰是研究节目主持人本体的关键所在。撒渔网，要'提纲'；抓上衣，要'挈领'。吴郁老师抓住了要害，她这本著作不说是为节目主持人语言艺术研究填补了空白吧，也是为这个领域增添了一本有分量的专著。"①这本专著因其学术分量和把握主持人语言艺术的关键之所在，获得了2000年北京市哲学社会科学成果二等奖。

在《主持人的语言艺术》的后记中，吴郁写道："一般来说，作为研究生导师，尤其是新兴学科方向的导师，有责任把自己的研究成果以专著的形式奉献给学生和社会，然而我却每每望而却步。这源于我常有的不自信，我把理论专著看得很神圣，生怕自己力有未逮累及所论经不起实践的检验而误人子弟，于是'没有金刚钻不揽瓷器活'，就老老实实地做个案研究，成熟一篇写一篇……面对众说纷纭的主持人，我心里堆得满满的，出于责任，更为了发自生命追求的那份热爱，总觉得不吐不快！终于也向自己提出挑战，跨越我为自己设立的那个'没有金刚钻不揽瓷器活'的'雷池'——写专著。"②作为我国高等教育专业培养的第一批播音员，作为从广播一线转型为学者的代表，作为新兴学科方向的研究生导师，吴郁遵循着"奉献""老老实实""责任""生命追求的热爱"的研究价值取向和人生追求，在自己近55岁的年纪完成了一本近50万字且在学科专业领域堪称经典的力作，确实值得后辈尊重和钦佩。

---

① 吴郁.主持人的语言艺术[M].北京:北京广播学院出版社,1999:1.
② 吴郁.主持人的语言艺术[M].北京:北京广播学院出版社,1999:540.

四、万里:开拓教师口语应用领域

万里,原名万书玲,1927 年 11 月生,河北涿州人,先后毕业于北京师范大学女附中、中国大学哲教系,1949 年 2 月进入北平新华广播电台参加革命工作,任播音员。不久中央人民广播电台成立后,她经过考核进台工作,作为新中国成立后中央人民广播电台第一代主力播音员,先后承担了当时中央台最重要的两档直播新闻栏目《全国新闻联播》《各地报纸摘要》的播音工作,参加了抗美援朝、中国共产党第八次代表大会等重大事件的新闻播音报道工作。1951 年,夏青从北京新闻学校毕业分配至中央台做播音员,万里负责给夏青做播音示范。她同齐越、丁一岚、夏青、葛兰等播音员一起,为新中国的播音事业作出了巨大贡献。齐越曾在文章中这样评价万里,"她的文化素质较高,到中央台后,很快掌握了播音业务及技能技巧。她的声音有着女声独具的特色,庄重亲切。她的播音当时在听众中有一定影响,很快成为播音组的主力。"①1956 年,万里还被授予中央广播事业局新中国第一批"社会主义建设积极分子"的荣誉称号。

后因 1957 年夏中央台"反右"政治风暴万里被错划成"右派",下放至距离河北沧州城十多公里的姜庄子村,从此万里便离开了挚爱的播音员岗位。1984 年,万里辞去了黄骅市政协副主席的职务,赴沧州师范学院(原沧州师专)任教,57 岁这年开始了人生的第

---

① 齐越,沙林.情系七彩人生[M].北京:经济管理出版社,1993:46.

二次"创业",1993 年被评为教授。从教期间,万里结合自身在播音口语表达方面的专业特长,结合当时我国师范类学生对口语表达实际应用能力的需求,在全国高等师范教育系统率先创办"汉语口语表达"课,并作为专家组主要成员主持制定了"全国教师口语课程标准"。先后发表了《口语教学初探》《浅谈口语教学》《汉语口语应自建理论自成体系》《思维与口语表达的关系》等研究论文,并主编了全国高师、中师、幼师三套《教师口语》全国通用教材和三套《教师口语训练手册》。由于其在开拓汉语口语应用领域的杰出成就,万里于 1993 年获得国务院"政府特殊津贴"。曾任中央人民广播电台编辑、记者,《诗刊》原副主编的邵燕祥曾与万里一同"下放",他在《一个女播音员的命运》序言中这样写道:"我甚至为她(万里)庆幸,她在右派问题解决之后,没有实现多年来'回到话筒前'的梦想,'塞翁失马,安知非福'。如果她调回中央台,不过是多了一位老播音员,而我们或将因此而失去了或推迟了应用语言学方面这一新兴学科的建立。在万里这一开创性贡献中,寄托了她对广播播音魂牵梦绕的深厚感情,汇聚了她十年播音实践的生动经验。"①与此同时,万里在从教后还发挥自己在播音方面的优势,培养了一批广播电视播音主持人才,原中央电视台戏剧戏曲频道节目主持人白燕升就曾在《追忆恩师万里》一文中回忆了从 1986 年开始其受万里专业和业务指导的过程,以及师生之间交往的情深谊笃。

---

① 赵立泰,赵一兵.一个女播音员的命运[M].长春:吉林人民出版社,2006:3.

第三节　理论话语的研究视角

　　理论话语的鲜活和广阔不仅是由研究对象的丰富性、研究问题的具象性、研究语境的时新性决定的,也因研究主体视角的多样性而让学术研究呈现百家争鸣、各抒己见的局面。前文中已列举了新中国十七年时期播音员群体中的代表及其理论成果,那么直接影响他们研究视域、方法、结论的便是其独具个性的研究视角。视角既代表研究主体思维的角度、深度、广度,也体现着其人生的志趣、情操与价值观。以下将具体阐述以张颂为代表的播音本体视角、以吴郁为代表的媒介话语视角、以万里为代表的职业口语视角等。

一、以张颂为代表的播音本体视角

　　作为中国播音学的集大成者,张颂一直致力于经典播音学的理论构建,强调广播电视播音语言的规范性、艺术性、审美性,其诸多论著都彰显了他维护播音本体高端品位的研究视角。其《语言传播文论》收录的文章中有多篇以播音本体为论题,例如《论广播电视语言的净化和美化》《播音语言规范化三题》《试论广播播音的规范性与艺术性》《广播电视与语言文字规范化——兼谈克服"口语至上"倾向》《深化播音内涵 加强语言魅力》等,文中他多以语言艺术批评的话语结构和逻辑否定当时突出存在的语言失范现象，并对如何解决这一问题进行建言。"广播电视传播，语言应该在其位，谋其'正'。中国历史发展中的'重文轻语'现象还远没有众叛亲离，西方语言中的'自然'之风又扑面而来助纣为虐。改革，在规律的关怀下，虽然曲折，但无疑是在前进着，深化着，把那些风声鹤唳淹没在历史车轮的轰鸣中。"①与其说他在文中批驳一种有声语言传播现象，倒不如说他在用自己的思想与观点捍卫着播音规范的严肃性、规律性和先进性。1998 年 1 月，张颂出版了专著《播音语言通论——危机与对策》，此书分别于 2002 年和 2012 年再版，书中更加系统地阐释了他对于新时期播音语言地位、性质、养成和发展方向的认知和体会。此书采取驳论的方式集中澄清了人们对广播电视播音理论方面的一些误解和偏见，辩证地剖析了播音语言的内核及其适应本土文化、诠释主流话语的功能性和典范性。面对着日新月异的广播电视体制和节目样态创新，目睹了广播电视播音员、主持人的传播形态的巨大变化，他依旧保持着自己的研究视角和逻辑起点，他认为"播音主持艺术是我国广播电视传播形成的特色之一、优势之一，我们应该珍惜它、提升它"②，他也恪守"德才兼备，声形俱佳"③是播音主持专业不可逾越的人才规格这一准则。从某种意义上讲，我们可将这一切看作是一代知名学者在特定语境、情境、心境中形成的学术品格和学术理想。

---

① 张颂.语言传播文论[M].北京:北京广播学院出版社,1999:1.
② 张颂.播音语言通论——危机与对策[M].北京:北京广播学院出版社,2002:3.
③ 张颂.播音语言通论——危机与对策[M].北京:北京广播学院出版社,2002:2.

二、以吴郁为代表的媒介话语视角

从吴郁的研究成果可以发现,其采用的是媒介话语的研究视角,即结合广播电视媒介语境,根据节目样态发展的需要,进而论述主持人话语策略与传播效果的实证研究。她在教学、科研中经常从个体案例出发,对具体话语文本进行分析和解读。以《当代广播电视播音主持(第二版)》为例,为了满足表述观点的需要,文中共列举了 129 档广播电视栏目、79 位优秀节目主持人的若干期典型节目,既包括央视、央广等主流媒体,也包括凤凰卫视和 CNN、CBS 等境外媒体;既有获得"金话筒"奖的知名主持人,也有广受大众认可的新锐主持人。书稿涉及新闻、访谈、娱乐、社交、真人秀等多种节目样态。书稿立足在媒介发展、节目样态基础上来分析主持人话语传播的策略与内容,说理清楚、逻辑严谨、深入浅出,坚持从一线实践出发,体现出"主持语言因媒介而生"的特征,这与吴郁在 20 世纪 90 年代参与了中央人民广播电台《法制园地》、中央电视台《东方之子》和北京人民广播电台《京城人家》的主持工作,且参与广播电视节目主持人多个奖项和比赛的评奖以及受业界之邀承担节目听评工作有关,这些都使她对主持人节目和节目主持人有了更切身的体验,也使她的研究成果总能呈现出鲜活的内在质地。媒介话语的视角不是一味地"被动追赶",而是借助实践的经验和规律充实播音主持理论研究的思维方式,"多年来,我对主持人节目及主持人的研究,邓小平同志强调的'实践是检验真理的唯一标准'是我的精神支柱和指导思想,第一线的实践是取之不尽用之不竭的源泉"①。媒介话语的视角,在一定程度上拓展了吴郁理论研究的视域,她在立足播音主持创作基础理论的同时,却不固守原有优势领域,尝试借鉴传播学、广播电视学、心理学、语言学、政治学等多学科的专业理论来回应主持人节目与节目主持人发展进程中的新问题,而这些新问题单就中国播音学传统理论而言是难以充分解决的。

三、以万里为代表的职业口语视角

从万里的研究论文和编著的教材内容可以发现,她在自身从事了多年广播播音工作的基础上,将播音员基本功训练方法与应用语言学范畴中口语表达的学科特点紧密结合,并从教师职业素养中口语表达能力的实际运用出发,以职业口语应用的视角进行探索和创新,形成了自成一体的研究和书写的框架结构。万里是个有心人,她确实是将自己对播音工作的无限热忱转化到了语言应用的领域中。1983 年,时任黄骅市文教局副局长的万里对当地一所重点中学进行了实地调查,结果是:52 名任课教师中,教学效果好、受到学生欢迎的老师只有 20 名,其中口语表达能力强或较强的有 18 名,其余 2 名则属一般;至于教学能力低,被学生厌倦的却有 12 名,其中口语表达能力差的就有 9 名。② 这次深入教学一线

---

① 吴郁.当代广播电视播音主持:2 版[M].上海:复旦大学出版社,2008:368.
② 赵立泰,赵一兵.一个女播音员的命运[M].长春:吉林人民出版社,2006:226.

的实际调研结果不容乐观，口语表达能力是否过硬成为影响教师教学、学生学习效果的重要因素，这让万里意识到对教师进行口语表达能力培养的重要性和紧迫性，也激发了她克服困难、顶着压力、再度学习的潜能，开始了其在教师口语应用方面的理论钻研和学术思考。在后来一段较长时间的教学、研究过程中，万里着重在其成果中说明和解决了五点问题：一是明确了口头语言（口语）不等同于日常说话（自然语言），二者虽然同处于应用语言学的范畴，但是既有联系，又有区别。尤其是教师的课堂教学语言表达应凸显准确、规范、简明、生动、连贯等特点。二是"口语课"不能简单等同于"普通话"，普通话是教师口语训练的基础，但是不能包含口语课程内容的全部范围和内容。三是明确了口语课的研究范围，应包括思维、情感、遣词、造句、气息、共鸣、发音、听知、辨析、理解等多个环节，教师口语是掌握运用语言的一整套技能。四是强调了掌握正确发声、共鸣方式等有声语言表达基本功的重要性，"教师如同播音员、演员、曲艺工作者等一样，其发音能力应持久而又富有艺术魅力"。① 五是要将朗读训练作为提高教师口语表达能力的重要手段，"朗读可以锻炼人们的思维能力，并可以起到丰富、积累词汇作用和驾驭有声语言表达的能力"。② 从中不难看出，万里将播音语言以及其他艺术门类有声语言训练的方法和理论有机融合到教师口语体系中，并借鉴应用语言学的相关基础理论，对教师口语的基本概念、范畴、规律等问题进行了较为清晰和准确的梳理，

① 赵立泰,赵一兵.一个女播音员的命运[M].长春:吉林人民出版社,2006:230.
② 赵立泰,赵一兵.一个女播音员的命运[M].长春:吉林人民出版社,2006:231.

为教师口语成为一门学科奠定了科学基础。

第四节　研究成果的价值体现

丰富的研究成果是新中国十七年时期播音员群体为学术领域贡献的智慧与财富，无论是早期工作总结与感悟式的归纳和整理，还是后续面对广播电视发展与繁荣的思如泉涌、奋笔疾书，抑或是在口语应用方面的"开天辟地"，其具有的学术价值是不言而喻的：有文献档案的史料价值，有学科建立、拓展、创新的理论价值，也有满足专业人才培养、业界实践提升、学界理论构建的应用价值。

一、文献价值

这些成果的文献史料价值主要体现在两个方面：一方面是新中国十七年时期播音员群体的研究成果中有一部分以工作总结、体会感受、思想动态的形式出现，这为后人研究当时广播电视、播音主持的发展时况提供了相对真实的文字素材和档案材料，尤其是在早期没有广播录音设备的情况下，这些总结体悟式的文本多是以记述和描写为主、议论为辅，在期刊上刊载了一部分，在论文汇编中收纳了一部分，在个人的文集（回忆录）中也编录了一部分，这些材料为还原当时广播和播音员群体发展样貌提供了有价值的线索。以广播事业局 1961 年 9 月出版的《播音工作经验汇辑》为例，这本蓝色的小册子共收录了 23 篇短文，多是工作经验和方法的呈现，从中可以看出当时广播播音员群体对于播音规范的恪守、对于思想改造的坚持、对于政治立场的坚守、对于深入群众的重视，这些资料既体现了当时的社会历史风貌，又呈现出当时播音员群体的工作重心和落脚点。另一方面可以从他们的研究成果、研究领域以及研究视角中分析以下两个问题：一是，作为研究主体，他们的研究视野、方法与其价值取向之间的联系，二是，在特定社会发展阶段，他们在学术研究和生产过程中形成的渐进式、连贯性、逻辑化的特点，这一特殊群体的理论研究也遵循着"个人兴趣——初步探究——撰写论文——深入研究——撰写专著"的人文社会科学的基本研究规律。上文中所列举的张颂、吴郁、万里等都体现了这一特点，他们均是边研究边思考、边完善边提高，最终才形成了自己独树一帜的理论观点和研究成果。

二、理论价值

新中国十七年时期播音员群体研究成果的理论价值主要体现为三点：一是对中国播音学学科的建立起到了关键作用。中国播音学学科建立是这一群体在长时间的实践中逐渐总结、归纳、提炼、丰富而形成的，在这一过程中，他们不断将总结的经验和方法投进业务实践一线进行检验，再将经过实践检验正确的播音实践经验进行合理化、体系化、规律化、科学化、理论化，最终呈现为《中国播音学》这部著作成果，这是中国播音学学科建立的学术标志，应该说，以张颂为代表的研究者在中国播音学学科体系的建构和成形过程中起到了至关重要的作用。二是对主持理论进行了创新。这主要体现在以吴郁为代表的广播电视节目主持人研究成果中。在《主持人的语言艺术》中，吴郁构建了节目主持人的语境、语用规则、语体特征、语言功力、语言风格的理论框架，并对具有代表性的新闻评论类、谈话类、文艺娱乐类节目主持人的语言艺术进行了分类阐述和说明，这是新世纪前后具有里程碑意义的主持人理论研究专著。2007年，吴郁等在国家社科基金项目的基础上完成并出版了《电视节目主持人综合素质研究》。该研究将主持人节目与主持人素质发展沿革作为理论研究的起点，对电视节目主持人综合素质构成进行静态分析，同时还对影响主持人素质发展变化的动态系统进行了分析和研究，分别从社会、业内及主持人自身的认知原因以及对主持人的选拔、培养、管理等要点进行梳理，并阐明这些因素对主持人综合素质的影响的重要性。此外，研究者还提出了保证电视节目主持人综合素质动态平衡的切实可行的方法和措施，并对我国电视节目主持人的综合素质做了前瞻性预测。这一研究成果在节目主持人理论研究方面做了扎实的调研方法实践，为我国节目主持人理论的发展提供了全新的研究样板。三是对应用语言学科做出了拓展，这主要体现万里关于教师口语的理论研究中。她的研究形成了研究内部思想语言如何准确、清楚、生动、得体地转化为外部有声语言的新兴学科——汉语口语学，我国著名语言教育家张志公评价万里开创的汉语口语学是一门提高我国全民族语言素质的学科。

三、应用价值

无论是播音主持的理论研究还是教师口语的研究,都属于以源于实践、指导实践、反哺实践为特色的应用性研究范畴,因此其应用价值也就随之产生,它们主要体现在三个方面:一是作为专业教学的依据,满足了专业人才培养的需要。例如以《中国播音学》为蓝本,简化出版了由张颂任总主编的《实用播音教程》(1—4册),它们涵盖了普通话语音与播音发声、语言表达、广播播音与主持、电视播音与主持等,集理论、案例、训练为一体,满足了播音与主持艺术专业的人才培养需求。作为国家"十一五"规划教材,《实用播音教程》(1—4册)已经成为播音与主持艺术专业教学的经典教材。再如,吴郁的《当代广播电视播音主持教程》于2005年出版,并于2008年进行了第二版修订,这本教程主要面向非播音主持专业的高校学生通识课教学使用,同时也可作为播音与主持艺术专业本科或者研究生阶段教学的参考书目,因其理论体系新颖、案例内容鲜活,受到了广大师生的认可,目前已先后印刷8次,并被评为北京市高等教育精品教材。二是作为业界实践的指导和参考,满足了业界业务提升的需要。例如广播事业局1961年9月出版的《播音工作经验汇辑》、吉林省广播事业管理局1965年3月出版的《播音工作经验选辑》,就是根据当时广播播音员群体的工作要求和业务需要编印的内部学习资料。再如由吴郁主编、1985年出版的《播音学简明教程》,就是应当时各地广播电台、电视台播音员培训之急需撰写的内部教材。三是作为学术书写的参照,满足了学界理论研究的需要。这其中不仅包括广播电视播音主持领域的学术族群对于新中国十七年时期播音员群体学术成果的理性关注和直接引用,还包括对其研究视角、研究方法、研究框架的学习和借鉴。尤其是像张颂、吴郁、万里等又在研究工作中通过指导青年教师、研究生,将自己的理论研究进行代际传承和延伸:张颂在撰写《中国播音学》的过程中,带领以青年教师为主体的教师团队一起参与完成了书稿的写作,当时吴郁就在编写队伍中,这为青年教师在播音学理论方面的精进以及继续开展理论研究起到了促进作用,也在客观上起到了理论研究传承的作用。据统计,吴郁共有15位硕士研究生分别在中国传媒大学、北京语言大学、武汉大学、华东师范大学、中华女子学院、安徽大学、浙江传媒学院、广西艺术学院、北京联合大学等全国多所高校从事广播电视及主持人理论的教学与研究工作。

本章小结

对于新中国十七年时期的播音员群体而言,他们本应按照自己的职业发展轨迹,更多地在话筒前面向广大听众传递信息,并尝试用文字记录下自己工作时思考的问题、总结的经验、摸索的规律、发现的方法、提炼的观点,这是一种伴随播音员职业发展的良性运转,也是一种从职业需求本位出发的自我审视,更是一种试图自我超越的途径,应该说他们中的大多数都是这样做的;但他们中有部分成员因为政治风波等原因,迫于无奈,离开了播音员岗位,转为高校专业教师,从此改变了既有的人生航向和目标。在本就是被动转换身份的关键节点,他们大多已不再年轻,有的甚至已经是人到中年,应该说转型的难度是客观存在的,可是面对新兴学科的发展,他们克服了种种困难,一切从头开始。面对未知领域,他们充满探究的内在动力;面对已有经验,他们仍旧以初学者的心态重新捡拾,可以说,他们在用另外一种思维方式和话语表达展现有声语言传播的"力量",并创造另外一种文化表征。如果说偶然的人生境遇给了他们一次始料未及的"不能承受之重",倒不如说给了他们在另一个崭新的话语平台上"再度发声"的机会,当然这也需要具备一些先天条件。新中国十七年时期播音员群体中理论成果丰硕的代表人物均具有如下特点:一是播音基础理论扎实、业务能力突出——这为理论研究打下了实践基础;二是具有较高的文化素养和知识水平——这为理论研究储备了认知条件;三是具有踏实的工作作风和坚韧品格的支撑——这为理论研究提供了思想保障;四是具有发展的眼光和开阔的视野——这为理论研究创造了思维空间。现在看来,新中国十七年时期播音员群体的文化自觉在理论研究领域也显现出来,他们用书写代替言语、用笔墨圈点声音,更具意义和价值的是他们用创新的符号表达、评价指标、职业规范和对话方式,构建了更加立体丰满的理论话语体系。

第七章

文化记忆:播音员群体的形象还原与价值呈现

新中国十七年时期的播音员群体作为新中国社会政治与媒介发展的见证者,他们用对声音的诠释表达着自己对于社会与时代、情感与人生的独到理解,透过客观呈现的媒介意象,后人可以窥见特定时代背景下的话语方式,可以佐证自己对于历史发展阶段特质的理解,可以联想这一播音员群体在特定语境下的行为方式,而这些又可以在不同媒介呈现的关于这一群体的文化记忆中得到印证。德国学者扬·阿斯曼在《集体记忆与文化身份》中指出,文化记忆"包含某特定时代、特定社会所特有的、可以反复使用的文本系统、意象系统、仪式系统,其'教化'作用服务于稳定和传达那个社会的自我形象"。① 在对文化记忆的内涵界定中,也有更加具象的阐述,例如"文化记忆有诸多不同的表征形式,根据其性质和影响的不同可以分为硬记忆与软记忆,两者之间既相互区别又相互依存。前者主要是指纪念性的建筑实体,包括纪念碑、雕塑、博物

---

① 阿斯曼.集体记忆与文化身份[J].陶东风,译.文化研究,2011(11).

馆等,一般由政府主导;后者主要指具有文本和叙事性质的文化产品,包括回忆录、小说、诗歌、电影等,多由私人领域发起。文化记忆的活力在于硬记忆与软记忆之间的融合与互动"。① 借鉴以上理论阐释,可以推想文化记忆的意义和价值在于建构起更为生动和鲜活的"形象",那么,对于新中国十七年时期播音员群体的文化记忆而言,我们可以从多重媒介叙事的角度进行剖析和解读,进而勾勒出这一群体在特定语境和时代背景下的社会形象。通过对有关这一群体文化记忆的资料进行梳理,下文将主要从基于社会交往的文字叙事、基于媒介形象的广播叙事以及基于精神传承的场景叙事三个方面来具体论述,文字、广播、场景作为媒介,对播音员群体的文化记忆产生着不同层面的建构作用,我们将以此还原播音员群体的丰满形象,展现播音员群体的多元价值。

第一节 "言有尽而意无穷"：基于社会交往的文字叙事

记忆具有双重基础:作为生理保证的神经基础,作为人际交往的社会基础。对于新中国十七年时期的播音员群体而言,有关他们在社会交往中产生的社会认知、情感关联、生活态度、思想反馈等方面的内容主要在回忆录、自传、口述史等文字叙事中呈现,这其中既有播音员群体自我生发的个体记忆,也有他者对播音员群

① 埃特金德.文化记忆中的硬记忆与软记忆:俄罗斯与德国的政治悼念[J].张佑慈,译.国外理论动态,2016(6):38.

体的记忆,其中对播音员群体在社会交往中的细节表述给后人提供了更可感知的形象符号。基于记忆的社会性,德国学者阿斯曼夫妇还提出过"交往记忆"的概念。他们认为交往记忆存在于个体之间,产生于人与人之间的交往,并进一步指出,情感在交往记忆形成过程中具有关键作用。当然需要指出的是,基于社会交往的文字只呈现了播音员群体文化记忆的一个方面,也可以说,"交往记忆"只是文化记忆的组成部分,但是因社会交往和关系勾连促使关于这一群体"记忆写作"的文字叙事更为充分具体、细致可感。

一、回忆录中的播音员群体

"回忆录叙述的主要对象通常不是作者本人,而是与作者相关的其他人物或事件。而回忆录中虽然也会说及自己,说及自己的身份,甚至会说及自己的一些人生经历,但说这些的主要目的是为了更好地说明自己与所回忆的历史事件、社会问题、公众人物或其他相关人事的关系。也就是说,回忆录的作者并不是回忆录的主人公,而是回忆录中的社会事件亲历者或见证人、他人故事及焦点事件的关系人。"①根据回忆录的内涵,新中国十七年时期播音员群体的回忆录主要包括关于孟启予广播电视生涯的《大海的一朵浪花》,缅怀齐越的《永不消逝的声音》《用生命播音的人——忆齐越》《齐越和他的播音生涯》,书写万里的《一个女播音员的命运》,讲述林如的《话筒前的人生》以及《丁一岚传》等。回忆录主要由播

---

① 陈默.自传、回忆录与口述历史[J].粤海风,2014(3).

音员群体的配偶、子女、同事、学生以及学者、听众完成，他们从不同视角提供叙事线索，建构与主人公在长久或者深层次社会交往中的联系。这些回忆录多是按照历史发展的顺序，全景式展现主人公丰富的人生阅历，其间饱含着对主人公崇敬、敬佩和赞扬的叙事情感，一些鲜为人知的情节被挖掘并呈现在公众面前，这其中既叙述了个性化主人公的人生境遇、历史成就和生活磨砺，又呈现出这一代播音员群体所面临的相似时代背景和社会处境。刘习良在《丁一岚传》代序中写道："这不是一部单纯讲述传主人生经历的书。这是一部透过主人公人生经历讲述中国现代革命史和社会主义建设史起伏跌宕、曲折发展历程的书……"①这在一定程度上也暗合了关于这一群体的回忆录写作的共性特征。例如，在回忆录中都包含其播音以及广播电视职业生涯的缘起、发展和成绩，还有对"文革"时期这一群体政治遭遇和工作情况的观照等。在回忆录建构的文化记忆中，新中国十七年时期的播音员群体展现出的艰苦创业的优良传统、坚韧不拔的意志品质、高度负责的政治觉悟、独树一帜的事业成就、甘于奉献的人生信条、淡泊名利的处世态度等社会形象，给读者留下了深刻印象。

二、播音员群体的自传书写

谈及关于播音员群体的自传书写或者自传记忆的问题，首先还是应该界定何为自传（自传记忆）。"自传体记忆至今没有一个

---

① 成美，陈道馥，薛夏原.丁一岚传[M].北京：中国国际广播出版社，2011：1.

严格统一的定义。学者们曾用真实记忆(true memory)、回溯记忆(retrospective memory)、事件记忆(event memory)、个人记忆(personal memory)等名称来表示个体有关自身经历的记忆。目前，一般认为自传体记忆是关于自我信息的记忆。"①法国学者菲利普·勒热讷在其著作《自传契约》中对"自传"的定义是："一个真实的人以其自身的生活对素材用散文体写成的回归性叙事，它强调的是他的个人生活，尤其是他的个性的历史。"②在新中国十七年时期播音员群体的自传中，比较有代表性的是齐越与其妻子杨沙林合著的散文集《情系七彩人生》。书中共收录了齐越的32篇回忆文章，"书中收集的文章，篇篇表述了我们的真情实感；句句倾吐了我们对亲朋好友、知音听众由衷的感激眷恋之情。"③的确，齐越在撰文中谈及了自己与恩师魏庚人的师生情谊，与费寄平、万里真挚的同事之情，也谈及了自己参与接管北平广播电台以及与92岁高龄听众会见的情景，当然也包括他在"文革"期间剪平头、"摆摊"、烧砖的逸事等内容。从叙事风格看，的确文如其人，它与齐越在广播播音事业中的音频形象形成对应关系，由此我们可以感知其真挚、朴实、善良的人格特征，尤其是其站在晚年回溯自己的人生，更显包容与豁达。《情系七彩人生》是对有关齐越的回忆录《永不消逝的声音》《用生命播音的人——忆齐越》《齐越和他的播音生涯》的重要补充，它们共同形成了关于齐越这一社会个体的文化记忆。

---

① 张志杰，黄希庭.自传体记忆的研究[J].心理科学,2003,26(1):34.
② 勒热讷.自传契约[M].杨国政,译.北京:生活·读书·新知三联书店,2001:201.
③ 齐越,沙林.情系七彩人生[M].北京:经济管理出版社,1993:序言.

三、"记忆写作"的传播效果

随着关于新中国十七年时期播音员群体的回忆录和自传的相继问世,原本关于播音员个体的个人经历和个人回忆,或者说是影响范围相对有限的个人发展历史通过文字出版公开于社会公众领域,这在一定程度上唤起人们对于特定群体的文化记忆以及对时代和历史事件的"集体记忆","记忆写作"的社会记忆功能由此得到体现。换言之,读者通过与文字叙事的深层对话,产生了对主人公所处社会时代背景、个人阅历(遭遇)的"情感共鸣"或是审视思考,并通过文本进行合理化的联想和想象,"记忆写作"由此可以达到"言有尽而意无穷"的传播效果。此外,针对新中国十七年时期人民广播播音员群体文化记忆的"记忆写作",可以对广播史和播音史中播音员形象建构的缺失和空白进行必要说明和补充,更可将真切鲜明的人格因素带入受众对其职业生涯和播音创作风格的理解和把握中。

第二节 "难忘的中国之声"：基于媒介形象的广播叙事

媒体塑造的记忆主要涵盖两个基本层面:一方面,媒体对重大事件的报道——特别是人们无法亲历但却通过电视可"目击"的"媒介事件"——构成重要乃至唯一的信息来源和记忆基础,某些特定的媒介内容(大字报、广播大喇叭、电影电视剧、动画形象)和媒介经验(比如集体观看露天电影)也会成为"时代认同"与"时代记忆"的重要成分。[1] 另一方面,媒体将历史人物和事件直接以各种面貌纳入新闻报道中。关注新闻媒体如何扮演"公共历史学家"之角色,"选择最重要的历史人物和事件,并阐发它们的历史意义"。[2]新中国十七年时期播音员群体作为新闻工作者,传递着信息、报道着新闻、演播着作品,他们作为传播者扎根在媒介内容中,利用丰富的有声语言样态为大众传递具有时代印记、社会特质的多种信息,但他们却很少能成为新闻的主角。在广播、电视等传统电子媒介视域内,对其报道量微乎其微,尤其是主流媒体的专题报道就更为鲜见。进入 21 世纪以来,中央电视台播出了《东方之子·夏青》,《艺术人生》分别于 2004 年和 2011 年播出特别节目《永不消逝的电波》《隐藏在背后的故事》,新中国十七年时期播音员群体中的葛兰、林如、方明、徐曼、雅坤、虹云等在节目中讲述了自己从事广播播音工作的心得,电视媒体这种形式的内容呈现已经具有了这一群体文化记忆的传播特征。2013 年,中央人民广播电台中国之声在《难忘的中国之声》专题栏目中推出了系列节目《广播传奇》,系统讲述和重现了新中国广播历史上的重大事件和人物,其中涵盖了新中国十七年时期播音员群体中的 21 位代表人物,每期节目时长 3 分钟左右,节目元素主要包括旁白、历史录音、

---

[1]　MAASS M,GONZÁLEZ J A.Technology,global flows and local memories:Media generations in "global"Mexico[J].Global Media and Communication,2005,1(2):167-184.

[2]　KITCH C.Twentieth-century tales:Newsmagazines and American memory[J].Journalism & Communication Monographs,1999,1(2):119-155.

采访录音三部分,多是以采用具有个性特征的录音和报道视角对每一位播音员进行言简意赅、重点突出的叙述和评价,并在广播音频媒介中集合成一代播音员的群体形象,下文将运用框架理论方法对这一节目进行量化分析,并得出相关结论。

一、研究方法

本节运用框架理论分析"新中国十七年时期播音员"的媒介形象。从框架的宏观层面探究相关报道的议题框架,运用内容分析法,通过性别、学历、所属电台、调入年份等基本信息以及媒介立场、播音风格等指标来初步表述和确立其媒介形象,再从框架的微观层面探究节目叙述中"新中国十七年时期播音员群体"的形象表征,主要涉及角色指标和形象指标等方面的关键词分析。

（一）内容分析法

定量研究方法,即通过量化的观察和测量进行对象研究的方法,研究者使用数量、频率、程度以及强度等工具来描述现象。① 本节所采用的定量研究方法,主要是内容分析法。内容分析法是对传播内容进行客观、系统的定量分析和量化描述的研究方法。具体步骤如下:

1.确定研究问题

本节通过内容分析要解决的问题是:在媒体构建的文化记忆

---

① 基顿,邓建国,张国良.传播研究方法[M].上海:复旦大学出版社,2009:39.

中，新中国十七年时期播音员的媒介形象是怎样的？

2.界定研究对象和范围

研究对象为 2013 年中央人民广播电台《广播传奇》系列专题节目中关于新中国十七年时期播音员的 21 期节目的音频和文本。

3.定义概念

本研究主要涉及新中国十七年时期播音员的基本信息、工作内容、媒介立场等概念，确定待分析概念后，本书将这些抽象概念变成可操作、可量化的指标。其中，基本信息以性别、学历、入职年份、所属电台等加以分析量化；工作内容以播报主题、播报内容等作为量化标准。

4.建构类目和量化系统

建构类目是将研究问题具体化、操作化的过程，是内容分析的重要环节。本节将新中国十七年时期的播音员媒介形象细分为基本职业形象、工作格局形象、媒体报道立场三个子问题，并依据这些问题与上述概念建立联系，确定研究类目，构建量化系统。具体如表 7-1 所示。

表 7-1　内容分析路径对应表

研究问题	概念	类目	量化路径
1.媒体勾勒的基本职业形象	基本信息	性别、入职时学历、入职年份、所属电台、电台归属地	频数分析
2.媒体刻画的工作格局形象	工作内容	播报主题、播报内容	频数分析
3.所显现出的媒体报道立场	报道立场	媒介立场	频数分析

5.制作编码表

根据分析路径制作编码表。为确保样本记录准确,设计了"样本编号"和"编码员"一栏,以备后续查看(编码表见附录)。

6.检验效度和信度

(1)效度检验。效度包含很多种类别,本研究主要涉及表面效度和内容效度。"表面效度是根据逻辑或经验检查测量工具和对象的同构性,是经验和理论的主观判断。在内容分析中,表面效度可以通过一个比较简单的方法检验:你在定义类目的时候,能否举出具体而恰当的例证。"①笔者随机挑选 10 篇样本进行试测,样本均可根据类目的定义进行明确的编码,说明编码表具备表面效度。"内容效度是指测量是否能够较为全面地把握概念的本质特征。某种测量和结果若具有内容等方面的效度,它就基本具备了内在效度,可以认为数据能够回答所研究的问题。"②从表 7.1 中可以看出,本书的研究问题、需要测量的问题以及具体的类目(测量指标)之间具备紧密的逻辑关系,分析路径亦围绕研究问题而定,测量具有较高的内容效度。

(2)信度测试。为保证编码的科学性,笔者未参加编码工作,而由甲、乙两位同学执行编码工作,其中甲为广播电视新闻硕士研究生,乙为新闻学硕士研究生,二者均经过相关方法的学习,具备相应经验。

---

① 基顿,邓建国,张国良.传播研究方法[M].上海:复旦大学出版社,2009:110.
② 彭增军.媒介内容分析法[M].北京:中国人民大学出版社,2012:61-62.

测试之前,笔者对两位编码员做了相关培训和说明,以随机抽取的两件样本作为测试样本,而编码表共 9 个类项,因此编码员应有相同类目数为 18。经测试,两位编码员的相同类目达到了 17 个,平均相互同意度为 0.94,信度为 0.96,在可接受的范围内。

7.内容编码

在确保信度和效度的前提下,两位编码员对所抽取的样本进行编码,根据样本内容判断并选择每一个类目对应的选项,并做好样本编码和编码员登记工作。

8.分析数据

笔者将所有编码表汇总后,首先做样本清理,将不合格样本找出,与编码员确认完善。接着将所有数据录入 Excel 表格中,最后再根据频数分析所需对数据进行相应分析,制作图表,观察其中的规律,并与定性分析相结合,推断结论。

(二)文本分析法

为了进一步分析新中国十七年时期的播音员媒介形象,本书将以上文本进行关键词分析。摘出《广播传奇》中关于这 21 位播音员的描述,将其中的名词和形容词进行关键词分析。

二、广播叙事下的新中国十七年时期播音员群体

（一）文化记忆中的宏观媒介形象

1.基本职业形象

新闻媒体在报道人物时，多会将人物的基本信息交代清楚，为受众勾勒一个新闻人物的基本形象，这是人物报道的基本点。《广播传奇》系列专题节目在对新中国十七年时期播音员进行报道时也不例外，姓名、性别、学历、入职时间等基本信息的介绍，使得播音员群体的基本形象在线性传播中逐一交代清楚，每个人的信息化为勾勒本人形象的基础线条，而这21位播音员的信息汇总到一起，则呈现了这个群体的"群像"，这也是研究这一群体必不可少的基础环节。

为了体现新中国十七年时期播音员群体的代表性，《广播传奇》共计选择了21位播音员进行专题报道，其中以中央人民广播电台最多，为12名，其余北平、东北、华东、天津等不同地域和不同时期广播电台均为1人，详见表7.2。值得注意的是，有3位播音员最初入职于延安新华广播电台，可见节目报道中对播音员从事播音工作的时间节点表述是较为严谨的。此外，笔者还统计了这些电台所属的地区，除了中央人民广播电台作为国家电台一家独大之外，上海地区有3位，且北京、天津、沈阳等城市都是当时国家政治、经济、文化发展的核心地区，因此其广播发展地位也被凸显出

来,从侧面可以看出,当时区位优势明显的广播媒体也成为这一时期播音员群体可持续发展的基础。

此外,经分析统计,性别方面,这 21 名播音员中,9 名为男性,12 名为女性,分别占比 43% 和 57%,女性占比略多。这与天津台关山的回忆是一致的,他在节目中说,调入天津台播音组的时候,台里全是女播音员(当时称"十二金钗"),他是唯一的男播音员,他得承担简明新闻、整点新闻、早报摘、晚上的联播以及工人节目、农民节目、青年节目和少儿节目的播音工作。在学历方面,7 位播音员的学历并未在节目中提及,其余播音员中有 9 名为大学学历,5 名为高中毕业,详见图 7-1。联系时代背景,这一群体在当时是名副其实的高学历人群。关于性别和学历的样本分析,也可以印证本书在"身份确立"一章中对播音员群体的形象阐述。

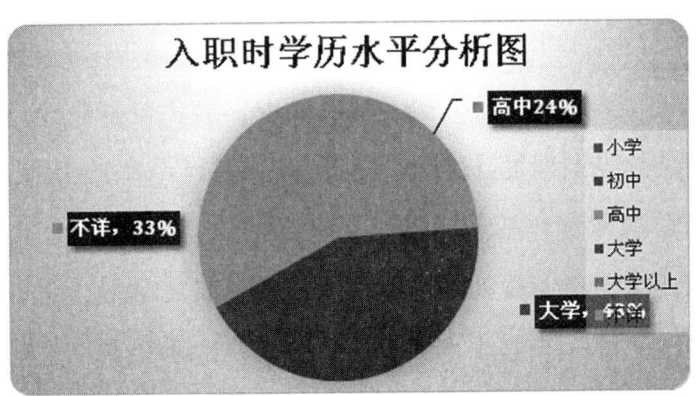

图 7-1　新中国十七年时期播音员入职时学历情况一览

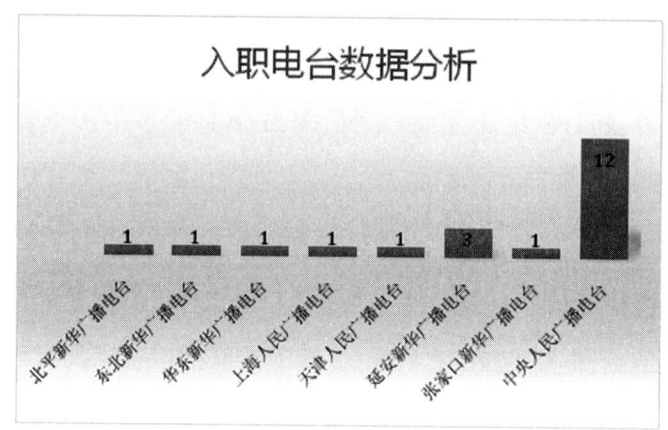

图 7-2　新中国十七年时期播音员入职电台情况一览

2.在工作格局中的形象

《广播传奇》重点介绍了他们的工作情况，有故事、有总结。本书通过梳理节目中对他们工作的叙述，从播音员播报的主题和内容两方面来搭建其工作形象。从播报主题来看（图 7-3），以时政、文化主题居多，分别占比 62% 和 21%；从播报内容来看（图 7-4），71% 的内容为新闻报道，21% 的内容为各类文艺节目，包括曲艺、音乐、戏剧、文学等作品，为我们了解这批播音员的工作内容提供了证明。同时从节目中可以发现，经济、儿童、工人、农民等针对不同对象开播的广播节目中也都有这批播音员的身影，说明这一时期播音员群体能够适应多种不同类型的节目播出。联系当时人民广播政治属性和宣传动员功能的强化，播音员在时代变革中所呈现出来的喉舌作用非常鲜明，这些播音员理所应当地担负起了以时政内容为主要题材的内容传播，积极为社会主义中国的"新国家形象"和"建设"的核心服务,用自己的声音传递党和国家的意图、呼应着广大听众的心声。

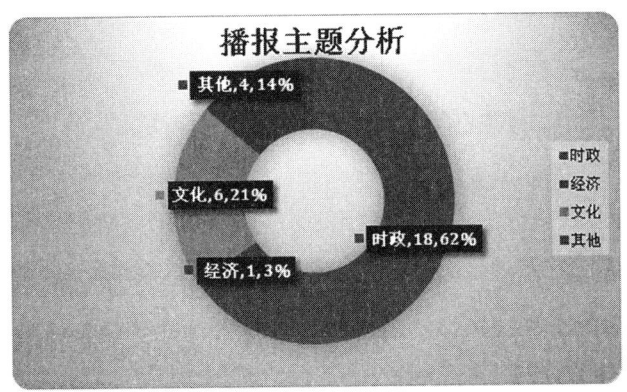

图7-3 新中国十七年时期播音员播报主题分析

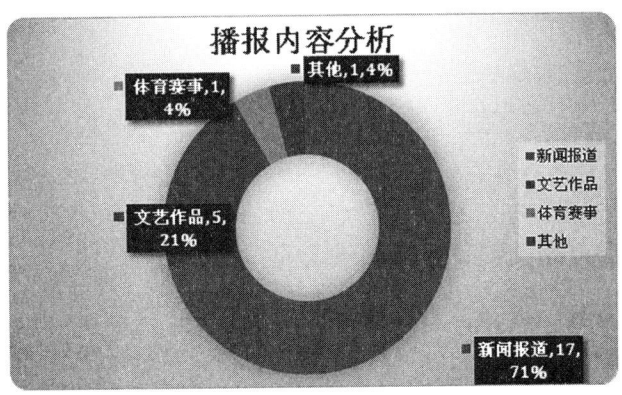

图7-4 新中国十七年时期播音员播报内容分析

3.媒体报道立场

报道倾向是指在报道新闻事件时所传达出的特定立场和思想倾向,它体现了记者和编辑在采访、写作、编辑、评论中想传达的立场和价值观,也就是我们所说的媒介立场。关于人物报道,媒体会在相关表达中传递出对人物的评价，这也是研究媒体在塑造人物的文化记忆时不可忽略的因素。《广播传奇》在对新中国十七年时期播音员群体进行报道叙事时，虽然尽量采用客观描述的词句和平和自然的有声语言表达样态，为听众平实讲述特定历史背景下的播音员故事，但其通过叙事的所指和能指，均能让听众感受到节目对这一时期播音员的肯定、赞扬。通过对节目音频的反复收听，我们能够确定其对这21位播音员的报道立场均为正面和积极的。作为中央人民广播电台的一档节目，这一立场在某种程度上也反映了国家主流媒体对这一时期播音员群体形象的认可，下文也将针对此听觉感受进行进一步的量化分析。

（二）文化记忆中的微观媒介形象

宏观层面的分析可以勾勒出一个大致的媒介形象，但为了进一步将这一形象具象化，笔者做了微观层面的分析，即利用文本分析法，重点选取《广播传奇》节目中描述和评价这一群体的关键词，进行梳理、归类、统计和分析。

1.传播角色定位

在《广播传奇》中，节目对播音员的介绍偏向于他们的播音工作，通过再现当年的宝贵播音音频唤醒听众的记忆，同时以朴实的话语描述他们的工作成就和历史贡献，有时寥寥数语，有时细节清晰。关于播音员的角色定位，笔者分析了《广播传奇》对这21位播音员的介绍，发现最常用的仍是"播音员"一词，这个词汇贯穿了他们每一位的节目介绍，也成了他们朴实珍贵的文化标签，说明"播

音员"是当时广播媒体的重要文化符号。这与当下"播音员"称谓
日渐稀少,取而代之的是主持人、主播、DJ等有着明显差异。在文
化记忆中感受文化变迁,这既是客观历史发展的必然,也是群体文
化延续变革的重要体现。当然,如表7-2所示,"主持人"这个词在
新中国北平时期也已经出现,关于3位播音员的稿件中出现了这个
身份名词,如对虹云的描述和评价,说她播音亲切幽默,"促成了新
中国第一批主持人的诞生"。此外,还有将关山评价为"演播艺术
家",将夏青评价为"播音大师"。播音员、主持人、演播艺术家、播
音大师,这些词汇不仅为我们呈现了这个群体的工作性质和内容,
更为我们展现了在新中国播音事业发展进程的文化记忆中,人们
对于这一时期播音员群体的身份认同和价值建构。

表7-2 新中国十七年时期播音员身份名词分析

身份名词词频分析	
播音员	21
主持人	3
演播艺术家	1
播音大师	1

2.音频形象建构

如上文所述,这档节目对新中国十七年时期的播音员持积极
正面的态度,但它究竟为受众呈现了一个怎样的群体形象呢? 以
下就《广播传奇》中对这一时期播音员的播音贡献叙述进行梳理,
并着重分析其中用于描绘的关键形容词。在分析之前需要说明的
是,对于这些形容词的词频分析只能作为参考和佐证,一是21条音
频的样本量少,且出自同一媒体的同一栏目中,相同或者相近的意

思多是用相似词汇表达，完全雷同的词汇少；二是出于音频资料的实际处理需求，笔者并未借助词频分析软件，因此以下分析仅作参考。经梳理，笔者将这些形容词分为描写播音员音质、情感、逻辑、气质和播音效果五大方面，表7-3将这5类中出现2次以上的词汇进行了罗列。其中音质方面，柔美为描述女播音员的最常用形容词，高亢激昂是描述男播音员的常用形容词，这在一定程度上确立了新中国十七年时期播音员群体的播音基调；情感方面，亲切、气势磅礴、热情澎湃最常见；播音效果方面，激动人心、无距离感、幽默、流畅等最常见。文本中关于逻辑和气质方面的描述在节目中并不多见，但思路敏捷、气质优雅、端庄、义正词严等词汇也为分析研究提供了相应参考。如前文所述，由于出自同一节目，因此记者和编辑用词较为精心，为避免重复，同类词替换在节目中很常见，比如亲切自然、亲切柔美、亲切舒心，再比如清新自然、清新悦耳、清新晓畅，又如声音嘹亮、声音洪亮等用法，这也从侧面解释了词频分析时各个词汇量偏低的原因。但是从这些形容词的使用频度，一方面可以看到这一时期播音员群体在广播媒介中所呈现出来的声音形象特征以及他们在丰富的播音实践中渐趋形成的播音技巧和风格；另一方面能够肯定的是文中形容词的使用虽稍有差别，但在表意上均为褒义词，说明了节目对这一时期播音员群体传播实践的认可。广播媒体试图运用两方面的合理呈现，为播音员群体塑造一种积极的文化记忆，并由此来影响公众对于播音员群体的认知和评价，由此产生更大的影响。

表7-3　新中国十七年时期播音员关键形容词词频分析

关键形容词词频分析		
音质	柔美	4
	高亢激昂	4
情感	热情澎湃	2
	亲切	3
	气势磅礴	2
逻辑	思路敏捷	2
气质	优雅	3
	端庄	2
	义正词严	2
效果	激动人心	2
	无距离感	2
	幽默	2
	流畅	2

3.播音成就

对于新中国十七年时期播音员群体的播音成就，以下仍以《广播传奇》中21个样本为参照，并对其中关键的定性评价内容进行标记、梳理、分类和归纳。

首先是对这一时期播音员播音业务及播音风格的评价。如虹云的"亲切幽默"、林如的"质朴含蓄"、徐曼的"服务型、聊天式"、张之的"敏捷生动、儒雅酣畅"、钟瑞的"落落大方、收放自如"，又如评价陈醇"磅礴时尽显北方性格的豪爽，细腻时又有江南生活的灵动"；评价关山"对于演播艺术的热爱始终如一，那感觉，正如他当年初出茅庐，万里赴戎机，关山度若飞"；评价张之"他的声音为比赛场和无数听众间架起了桥梁，奠定了中国体育转播的风格"。节目对于这一时期播音员播音业务水平与播音风格的评价虽显相对主观，但从中还是反映出了这一时期播音员群体的整体实践水平。

其次是对他们在中国广播及播音事业中地位的评价。如林如——"开创了新中国女性播音的先河"；费寄平——"谈话式的播音方式逐渐成为后来主持人追随和学习的风格"；孟启予——"中央人民广播电台少儿广播的创办者，也是新中国'电视广播'事业的先驱者"等。"先河""先驱者""后人追随"，这些关键词再次明确指出这一时期播音员群体在中国广播及播音事业中的重要作用和历史贡献，这是用历史的视角来审视他们的重要地位。

再次是就他们对中国社会发展所做出贡献的评价。如齐越——"在话筒前见证了新中国诞生前的浴血奋战"；夏青被誉为"共和国的声音"，且"无可挑剔、无可替代"；徐曼——"终其一生，永远做两岸间和平的使者"等。这些评价将播音员群体与中国社会发展的不同阶段紧密相连，进一步放大了播音员群体至关重要的社会价值，也将其放进了社会发展的维度进行坐标核准，将受众对这一群体的认知提升到社会发展的层面。

最后是就他们对一个时代的影响的评价。如林如——"淡然自若却饱含激情的声音已成为一个时代的象征"；林田——"用她独具特色的播音方式记录着那些属于一个时代的情感记忆和历史的变迁"；雅坤——"关于一个时代的美好回忆"；曹灿——"伴随了几代人的成长和记忆"；虹云——"也正如这个名字的美好寓意一样走进了亿万听众的心里，并成为人们关于那个时代一个难忘的记忆"；张之——"他敏捷生动的解说，儒雅酣畅的声音，也成为人们关于那个时代的难忘记忆"等。时代是文化记忆的纵向维度,作为时间过往的标记,它具有一定的时间跨度,是蕴含着代际特征的发展阶段。对于新中国十七年时期的播音员群体而言,广播文本里多次出现"时代""记忆""回忆""变迁"等词汇,这些均是媒体站在当下反观过去的思维结果,"过去并不是自然而然形成的,它是文化建构和再现的结果;过去总是由特定的动机、期待、希望、目标所主导,并且依照当下的相关框架得以建构"。① 的确,在文化记忆中对这一播音员群体的时代价值、形象意义、传播影响进行评价和定义具有科学性和合理性,它一方面反映了广播媒体观察这一群体的身体记忆视角,另一方面也为听众标记出这一群体形象在动态发展中的历史坐标。

(三) 小结

新中国十七年时期播音员群体的构成是复杂的,他们当中,既有在解放区广播事业中从事过文化启蒙的播音员,也有新中国成立后从社会招考的播音员,还有从专业院校培养的播音员,且随着广播事业的不断发展,播音员群体的队伍也在不断壮大,《广播传奇》中所呈现的 21 位播音员代表仅是这一时期播音员总量的小部分,但是由于其所属播出平台和业务水平的优势,使其具有了社会学和文化影响力层面的典型性,因此以 21 位播音员为主题的《广播传奇》节目可以基本反映出当时播音员群体的整体样貌特征和传播价值。

---

① 阿斯曼.文化记忆:早期高级文化中的文字、回忆和政治身份[M].金寿福,黄晓晨,译.北京:北京大学出版社,2015:87.

《广播传奇》节目抓取了播音员样本的典型表意符号——历史录音，它一方面直接表现了播音员群体独具个性的有声语言样态和播音风格，另一方面则反映了特定时间节点的重大事件，穿插于录音当中的旁白则直接体现了媒介报道这一群体的逻辑链条和传播意图。通过节目循序渐进的讲述，播音员群体的社会和时代价值得以凸显。连续 21 期节目用近乎相同的正面叙事立场、相近的话语方式、相似的回忆手法，建构起广播媒体对新中国十七年时期播音员群体的文化记忆，传播主旨的多次重复唤醒了拥有同时代社会发展经历的听众的集体记忆。这一播音员群体之所以体现出有别于当下播音员、主持人的传播样态，社会、政治、经济等时代背景的差异应该是其根本原因。

不能否认的是，21 期节目、21 位代表人物难免挂一漏万，但是通过这一节目，广播媒体主动担负起建构这一播音员群体文化记忆的责任，将对群体形象的文化记忆融入新中国的广播事业、新闻事业乃至社会转型发展的进程中，在媒介叙事中着力通过播音业务、播音成就、社会价值和时代标志等方面塑造了新中国十七年时期播音员群体丰满、立体、正面的传播形象。此外，以《广播传奇》为代表的媒介叙事所呈现的标志性事件和代表性成就与相关书面材料和口述记录中的内容基本一致，可以说明其对这一群体的文化记忆——"难忘的中国之声"的塑造是真实可信的。

附录:内容分析编码表

样本编号:	编码员:

A 基本信息

A1　姓名:_____

A2　性别:男、女

A3　入职时学历:小学、初中、高中、大专、大学、大学以上、不详

A4　所属电台:_____

A5　电台归属地:_____

A6　调入年份:_____

B 工作内容

B1　播报主题

时政、经济、文化、其他

B2　播报内容

新闻报道、文艺作品、体育赛事、其他

C 媒介立场

1 ——————— 2 ——————— 3
负面　　　　　　　中立　　　　　　　正面

第三节 "不能忘却的纪念"：基于精神传承的场景叙事

在文化记忆的建构中，场景叙事是重要的表现形式和媒介载体，其在记忆的生成、塑造和延续的过程中起到了不可忽视的作用。根据皮埃尔·诺阿的理论表述，场景叙事为受众提供了记忆的场所，例如，各级、各类博物馆通过陈列各类物品、展示历史图片、表述说明文字、借助音视频资料等手段，在综合利用空间布局和视觉传达的基础上，对某一特定历史时期、重要事件、典型人物的发展脉络、关键要素、核心思想、突出事迹、杰出贡献、优秀品质等进行主题鲜明的展示，这在新中国十七年时期播音员群体的文化记忆支撑体系中也有体现，例如为了纪念和传承这一时期播音员群体的优良传统和可贵精神而建立起来的齐越教育馆、夏青文化艺术馆、齐越雕像以及各级广播媒体在台史展览中对于播音员群体历史影像的集中展示，都让受众在观展后对这一特定群体及其所处的时代有了更为直观的理解和评价。

一、场景的确立

场景叙事的基础是良好的空间环境和硬件设施。2014 年 7 月24 日，在哈尔滨市平房区委、区政府等部门的支持下，夏青文化艺术馆正式开馆，该馆坐落在哈尔滨市平房区中国云谷 A2 号楼三层,由国务院原副总理李岚清题写馆名,使用面积420多平方米,整体风格古朴庄重。2016年11月15日,经教育部、河北省教育厅批准,位于河北省沧州师范学院的齐越教育馆建立并正式开馆,展馆坐落在该校的第四教学楼,建筑面积1500平方米,由一个序厅和六个主题展厅构成,并配套建设了虚拟演播厅、朗诵厅、录音棚、资料研究室等多功能体验厅,形成了别具特色的"馆室合一"格局,该馆也是齐越教育研究中心的重要组成部分,将着力打造为集展品保护、革命教育、教学科研为一体的全国性专题馆。除此之外,坐落于中国传媒大学主教学楼西侧的齐越雕塑瞻仰区也是具有代表性的微型建筑展示区域,一座齐越半身雕像和简朴、肃穆的展示环境(草坪、松柏等植被)为受众提供了文化记忆空间环境。2014年,河北人民广播电台为了纪念建台65周年,制作了《时空无限 岁月有痕——建台65年影像展》,并辟出电台一层会客室为展陈区,集中展示了河北人民广播电台新中国十七年时期的播音员汪家鹿、吴新等的珍贵图片资料,并一直展陈至今。由此可以看出,政府机构、高等学校、广播媒体等作为场景确立的主要参与者,一同参与了关于新中国十七年时期播音员群体文化记忆的建构活动,这一方面体现了三者在文化发掘、文化传承、文化创新上的社会功能,另一方面也反映了播音员群体的文化价值之所在。

二、场景的叙事

场景叙事是塑造播音员群体文化记忆的重要路径,除了显性的展陈空间、展品陈列、文字说明等内容之外，还有隐性而并不显露的内容：展陈方案的确定、展陈物品的收集、展陈资料的整理、展陈文案的审定、展陈逻辑的确定、展陈工作的推广、展陈人员的心得等，而这些都直接或者间接影响着人们对播音员群体文化记忆的建构。囿于篇幅，本书就以齐越教育馆为例，来具体阐释其场景叙事中三大重要环节：展陈的过程、展陈的逻辑以及展品的选择。

（一）展陈的过程

沧州师范学院文学院的张海燕教授作为齐越教育馆主要策展人之一，深切回忆了该馆展陈的全过程。据她介绍，2015 年 11 月，学校征得教育主管部门和齐越女儿齐虹的同意后，就开始分步骤、有顺序地展开工作。一方面他们要克服工期短、任务重的客观条件，保证"齐越楼"在 2016 年 7 月底之前完工；另一方面他们要深入齐越曾经工作和"下放"过的邯郸和西柏坡陕北新华广播电台旧址、姜庄子村实地走访，并到新中国十七年时期播音员群体中的天津台关山、上海台陈醇以及齐越助教北原（原名刘洪庆）的家中拜访并收集展陈物品。这期间策展工作人员沿着齐越生活、工作的足迹，冒着严寒酷暑，抓住一切能利用的资源签署捐赠协议、搜集展陈资料，在此过程中，他们深切感受到了齐越在几十年播音生涯中"对所播内容动真心，对播音对象动真情"的艺术品格以及两袖清风、廉洁自律的精神品质，这也为他们后续建构关于齐越的文化记忆提供了思想和感情支撑。值得一提的是，齐越教育馆中的齐越雕像是由我国著名雕塑家、广州美术学院黎明教授完成的。作为湖南长沙橘子洲头大型主题雕塑的完成者，他被齐越精神所感动，仅收取了雕塑的基本材料费，他希望年轻一代的播音员、主持人能受到感召并弘扬齐越精神。从某种意义上讲，筹备展陈的过程也是一次熟悉和认识齐越个人及其所处时代的认知过程，这在客观上加深了受众对文化记忆建构的心理成像。

（二）展陈的逻辑

"正如厄恩斯特指出，历史信息是复杂凌乱的，无体系的，甚至相悖的。如何将这些凌乱的信息剪裁，如何从这些表面上毫不相干的展品信息中凝练、构建出一套成体系的'故事线'，需要靠叙事（narrative）"①，换句话说，就是要确立既能反映客观历史，又不因"选择性"的历史呈现而影响了叙事主题传播影响力的展陈逻辑。经过反复论证，齐越教育馆确立以习近平总书记"扎根人民、深入生活"文艺座谈会讲话精神为主线，共设置了序厅和"情倾广播，声震乾坤""育才哺英，为人师表""深入生活，心系听众""情系姜庄，根植厚土""一身正气，两袖清风""高山仰止，风范长存"等六大展示区，集中反映出齐越作为我国人民广播事业的第一位著名男播音员、第一位播音学教授，在中国共产党的领导下，把全部心血倾注到人民广播和播音教学工作之中，为我国广播电视播音事业的发展和培养广播电视播音主持人才做出了突出贡献，并彰显了其一生忠诚、敬业、爱民，坚守本色，不忘初心，不懈追求，坚持为人民发声、为百姓说话的精神风范。以序厅为例，为了凸显展陈逻辑的

---

① 燕海鸣.博物馆与集体记忆——知识、认同、话语[J].中国博物馆,2013(3):16.

主题,在展厅迎面中间设置了齐越先生半身浮雕像,左面墙为玻璃仿铜浮雕,主题词为习近平总书记讲话中的"深入生活,扎根人民",浮雕图案左边为周恩来、焦裕禄、王进喜、吴运铎及上甘岭雕像,中间为齐越先生播音场景,右边为普通工人、农民、战士及百姓形象,右面墙为红色旗子、金色话筒图案,并用金色字刻齐越先生心语:"我是中国人民的播音员、中国共产党的播音员,我传达的是中国人民战胜艰难险阻走向胜利的声音,我传达的是中国共产党堂堂正正的真理之声。我以此引为自豪。"不难看出,序厅展陈最大限度地涵盖并生动体现了齐越的人生信条、工作成就、优秀品质,并以主旋律的表现手法回应了当代中国新闻和文艺工作者的思想价值取向,文化记忆的视觉传达效果明显。

(三)展品的选择

毋庸置疑,展品是场景叙事中建构文化记忆的基本元素,每一位受众都会与展品形成自己的沟通和对话关系,且因不同个体历史情感与人生阅历的差异,其面对同一件展品时所触发的回忆也会有所差异,因此有关齐越的展品显然多多益善。但据齐越的女儿齐虹回忆,齐越的大部分藏书、证书等物品均已捐赠中国传媒大学校史馆,所以对于齐越教育馆而言,收集展品的难度显而易见,能收集到的物品就显得弥足珍贵。例如,为了反映齐越在广大听众中的传播影响力和他对听众的珍视,展品中有一张齐越珍藏多年的贺卡,它是抗美援朝士兵用降落伞布制作从前线寄来的。为了反映齐越生活简朴、勤俭清廉,展品中有一张齐越在方格纸背面书写的遗嘱等。这些展品本身所呈现的记忆并不因其物理意义上的微小而失去其意义和价值,它们为场景叙事所建构的文化记忆提供了表意符号。

三、场景的价值

无论是齐越教育馆、夏青文化艺术馆,还是其他关于新中国十七年时期播音员群体文化记忆的场景环境,作为媒介而言,其都具有丰富的社会意义和传播价值,主要体现在两个方面:一方面是在"不能忘却的纪念"中发挥精神传承、教育示范的作用。在参观齐越教育馆后,敬一丹说:"齐越是我的老师。老师去世后,我一直希望纪念、缅怀恩师的地方不仅有姜庄子这一个地方,今天我看到了'齐越教育馆',终于有了这么一个地方能够纪念齐越先生。在这里,我又重新听到了老师播送的《县委书记的榜样——焦裕禄》,深受感动。"朱军说:"在参观'齐越教育馆'的时候,看到了很多齐越的照片,实物很少。我了解到,齐越先生生前并没有留下大量的物品,因为他始终把自己当作一个普通的播音员,淡泊名利,值得我们敬佩。"葛兰说:"齐越是我的老师,他带领我走上了播音的道路,他工作严肃认真、一丝不苟的精神感染了我、教育了我、影响了我。他对党的新闻事业的忠诚是发自内心的,并转化成了声音传递出来,感染力非常强大。"①受众的观后感受也恰恰对应了齐越教育馆展陈后记的表述:"齐越同志作为中国共产党第一代播音员,从陕

---

① 让齐越的声音和精神留在沧州[N].沧州晚报,2016-11-15.

北新华广播电台开始,到中华人民共和国成立后 80 年代中期,播音生涯达 40 年之久。他与老一辈优秀播音员一道,在解放战争炮火硝烟的洗礼中,逐渐形成了严肃庄重、爱憎分明、恢宏开朗、坚定自信的播音风格。随着人民广播事业和教育事业的发展,齐越选拔、培养了一批批优秀的播音员,在继承延安传统的基础上,形成了百花齐放、百舸争流的局面。齐越同志以真心播音、以真诚待人、以真实做事,他和他的战友及学生们,用自己的声音勾勒了一个新时代,代表着中华民族新生的朝气。全国广大播音员、主持人及播音教育工作者,将学习和弘扬齐越精神,踏着齐越同志的足迹,在繁荣发展广播电视和教育事业的大路上,不忘初心,继续前行!"另一方面是在文化记忆的影响力下形成文化带动、产业驱动的作用。哈尔滨市平房区委书记于得志在接受采访时表示,既要推动艺术馆(夏青文化艺术馆)与驻哈高校进行播音主持培训、专业设置的互动,也要推动广播剧、动漫产业基地的后期配音、制作和合成,以此来推动更多的文化产品,让中国经典文化能够走出国门、走向世界。夏青文化艺术馆建成后,哈尔滨市平房区委宣传部将联合相关部门,定期举办朗诵艺术沙龙、播音比赛等活动并成立夏青朗诵艺术协会,开发当地文化产业链。

本章小结

记忆的特性在于其在瞬间生成,又因多方参与记忆行为而使其绵延长远,记忆将个体的生命存在片段接续和连缀,令个体确立起对自我的认知、对他者的评判和对价值的认同。在新中国十七年时期广播播音员群体文化记忆的塑造过程中,以回忆录、自传为代表的文字叙事着重反映了这群体在多线社会交往中产生的情节记忆和情感联系,以广播电视为代表的电子媒介叙事着重反映了这一群体在媒体传播领域产生的时代记忆和社会影响力,以齐越教育馆、夏青文化艺术馆为代表的场景叙事深化了这一群体在精神传承方面的教育示范作用和专业引领意义。它们以文化记忆为切入点,将新中国十七年时期广播播音员群体敬业奉献的职业形象、真挚质朴的生活形象、本色亲和的社会形象展示得全面而具体——他们命运曲折却不改对党的广播新闻(教育)事业之忠诚,他们地位特殊却对自身社会行为方式严格要求,他们面对美誉却始终保持清醒的头脑,他们成绩卓著却依旧态度谦和。虽然记忆的"选择性"和"整合性"不能还原所有的细节和情景,但是却能够将群体与社会变革、群体与时代发展、群体之间的相互关系表述得清晰准确,还能够呈现出不同社会阶层对这一群体身份和价值的深刻认同。新中国十七年时期播音员群体的文化记忆作为特定社会历史阶段"集体记忆"的重要组成部分和意蕴深刻的时代象征,将长久存在。

第八章

身份、话语及价值：播音员群体的文化认同

从解放区时期的广播实验，到新中国建立初期的夯实基础，再到改革开放时期乃至新世纪的传播跨越，新中国十七年时期播音员群体在宏观的社会语境下始终坚守着自己的岗位和使命，他们从无到有、由弱到强、创新求变，其宗旨是为了更好地传递党和人民的声音。他们按照党和人民"喉舌"的要求确立了自己的传播定位和时代坐标，用自己的传播实践和价值信仰建构了具有中国特色的"播音范式"，并结合社会变革和时代要求不断调整和完善自身的话语方式，在播音主持理论的创建过程中充分调动自己的创新思维和书写模式，在文化记忆中呈现出了正面积极而又立体饱满的社会形象、职业形象和生活形象，这些都是他们留给中国广播电视事业的宝贵财富。对这一群体进行研究，可以彰显其对后人的价值，并从传播规律的角度回答具有鲜明中国特色的播音员、主持人队伍从哪里来，又将往哪里去的问题。回望历史是为了更好地观照现实，面对当下社会变革与转型、媒体融合之变局、播音主持行业的职业变迁以及个人价值取向日益多元的现实境遇，广大

播音员、主持人究竟应该如何形成自身的核心竞争力和传播影响力,这表面上是业务层面的操作问题,实则是如何继承传统、创新求变、顺应发展的历史性命题。习近平总书记指出:"要加快培养造就一支政治坚定、业务精湛、作风优良、党和人民放心的新闻舆论工作队伍。新闻舆论工作者要增强政治家办报意识,在围绕中心、服务大局中找准坐标定位,牢记社会责任,不断解决好'为了谁、依靠谁、我是谁'这个根本问题。要提高业务能力,勤学习、多锻炼,努力成为全媒型、专家型人才。要转作风、改文风、俯下身、沉下心、察实情、说实话、动真情,努力推出有思想、有温度、有品质的作品。要严格要求自己,加强道德修养,保持一身正气。"①因此,当代播音员、主持人应该审慎思考的问题是:结合新时期党对新闻舆论工作者的要求,我们应在对从新中国十七年时期播音员群体的身份、话语和价值认同中继承什么,借鉴什么,创新什么,用历时性的视角来深刻思考当下面临的机遇与挑战。

第一节 党性和人民性的统一:播音员群体的身份认同

"身份认同是个体或群体对'我(们)是谁'的回答,这个答案来源于社会环境和个体心理结构,既因为受社会因素的影响而具

---

① 习近平这些要求,新闻工作者要牢记[EB/OL].(2018-11-08)[2019-01-03].http://www.xinhuanet.com/Folitics/xxjxs/2018-11/08/c_1123680388.htm.

有群体共同性，又因为受个体因素影响而具有个体差异性。"①对于社会变革与转型，新中国十七年时期播音员群体是亲历者和见证者，他们始终保持和发扬从解放区广播时期沿袭下来的优良传统，坚持听党指挥、组织动员、正面宣传、关注听众，即便在"文革"等极为特殊的政治环境下，他们一直试图寻求更为恰切的"传播定位"，让自己在政治生态、传媒环境和受众需求之间确立身份认同。

一、坚守党性，做"党的喉舌"

1949年10月1日，中华人民共和国的成立揭开了中国历史的新篇章，我国的广播播音事业也开始了新的征程。齐越、丁一岚在天安门城楼向全世界直播开国大典盛况，成为新中国播音发展史上的里程碑，也确立了我国播音员、主持人"党的喉舌"的基本定位。代表党和国家传播有高度、有深度、有温度的"中国声音"，成为其义不容辞的责任。这在一定程度上也决定了播音员传递信息的政治标准、思想意识和价值取向，虽然今天的播音员、主持人所处的传播环境相对宽松和包容，社会文化的多元和价值主张的多样是客观现实，但是其在众多话语体系中代表着主流话语的"权威性"的初衷不能改变，这更加需要播音员、主持人用自己的声音传递有力度和效度的信息、作品和情感。新中国十七年时期播音员群体彰显"中国气派"的播音范式正是他们诠释"党的喉舌"之权威

---

① 谢立黎,黄洁瑜.中国老年人身份认同变化及其影响因素研究[J].人口与经济,2014(1):56.

性的有力证明,而当代的播音员、主持人则需要传承他们的创作之本:保证权威性,"党的喉舌"的定位不能变。相关资料显示,中央电视台按照中央要求将全面废止"劳务派遣用工制度",并全部转为"台聘"管理,台内"多层次"用工制度发生质变,播音员、主持人队伍的管理体制势必也会做出相应调整。这一方面反映出国家对于主流媒体人才及其事业保障的高度重视,另一方面也说明以播音员、主持人为代表的采编播队伍应该更加旗帜鲜明地在党赋予的传播定位上准确发声。

二、"坚持以人民为中心"

新中国十七年时期播音员群体在长期的业务实践中形成了依靠群众、深入群众的好传统,他们在节目中传递人民的心声,在生活中与听众真切交往,为了体现新闻舆论工作的亲和力,他们走进厂矿企业、田间地头,体验群众真实的生产生活,促进自身在节目中能够更好地贴近广大人民群众。习近平总书记指出:"要坚持党性和人民性相统一,把党的理论和路线方针政策变成人民群众的自觉行动,及时把人民群众创造的经验和面临的实际情况反映出来,丰富人民精神世界,增强人民精神力量。"①新中国十七年时期人民广播播音员群体的"群众路线"在本质上与此不谋而合,新时期的播音员、主持人也应该恪守这一身份准则。

---

① 习近平这些要求,新闻工作者要牢记[EB/OL].(2018-11-08)[2019-01-03].http://www.xinhuanet.com/Folitics/xxjxs/2018-11/08/c_1123680388.htm.

　　由于社会和时代的变迁,新中国十七年时期播音员群体在保证了基本的"两坚持"不变的基础上,先后经历了多种身份和角色转型:从解放区时期政党广播播音员向新中国人民广播播音员的转变,从播音员向主持人的转变,由传媒工作者向大学学者的转变,还有在离开播音主持岗位后向以朗诵、表演为主的文艺工作者的转变等,有的是偶然转型,有的是主动求变,但是均证明了这一代播音员群体专业素养扎实、文化涵养过硬、传播意识敏觉。换言之,这充分说明其具备文化创新和文化自觉的能力基础。前人有成功的示范,后人也有相近的实践体现:央视的撒贝宁从法制节目主持人转型为综艺节目主持人,其机智幽默、注重互动的主持风格得到了观众认可;央广的赵青音作为微博粉丝量最多的广播节目主持人,借助其在情感夜话节目丰富的主持经历转型为心理咨询专家,并借助"U anchors 主播自媒体孵化联盟"新媒体平台继续进行音频内容开发和生产;央广的王冠从财经节目主持人转型为北京电视台的新闻评论节目主持人,在节目中与多位新闻评论员延展话题、剖析新闻,得到同行认可。在相对开放的社会环境下,当下播音员、主持人的身份和角色转型是时代进步、价值多元重构的表现,问题的关键是转型前播音员、主持人的业务实践积累是否充分,且转型后的自我价值、传播价值、社会价值能否优化。转型是否成功虽没有绝对的衡量标准,但相对的原则是"人尽其才"与社会需要、价值引领相融合。进一步说,无论是新中国十七年时期播音员群体的传播经验,还是当代的播音员、主持人队伍的传播实践,均说明在身份认同上,解决党性和人民性的统一问题既是核心,也是基础。

第二节 原则与策略:播音员群体的话语认同

话语具有鲜明的时代性,它与特定历史条件下的语境有着密不可分的联系。新中国十七年时期播音员群体在确立自己的身份特征后,也因语境的变化而不断调整和完善自己的话语原则和策略:一是显示了群体话语的思想性、公信力和亲和力的传播原则,二是显现了以形式之变、情感之真、文化之核、视野之广、"直播"之能为核心要素的话语策略,并在群体内和受众中得到普遍认同。在当下融媒体的发展环境下,播音员、主持人的话语表述确实风格迥异、价值多元,但个性化表达与党和人民满意并乐于接受之间是否能够不谋而合,这是考量传播效果的重要依据。因此,如果新时期播音员、主持人能够回归到由新中国十七年时期播音员群体所建立的具有主流传播价值取向的话语原则和策略上来,并创造性地继承与发展,则更具现实意义和价值。

一、话语原则

(一) 思想性:政治修辞的基调不能变

政治修辞是政治传播的重要组成部分,新中国十七年时期播音员群体多年的播音实践就是其政治修辞的重要手段和其工作的核心出发点,这与他们所处的"战时宣传""新国家形象""建设"

"文革""改革开放"等语境有着密不可分的联系，他们用有声语言表达之修辞方式传递着符合政治传播要求和目标的内容，从而达到具有思想性的说服效果。而在当下建设有中国特色的社会主义、实现伟大"中国梦"等宏观语境下，播音员、主持人依然要强化政治修辞之基，在播音主持中以正确的立场和态度传输内容，共同维系政治稳定、社会和谐、时代进步、人民安定的社会环境，还应在舆论导向、政策解读、文化思潮、公众心理等层面予以深切关照，这也是"治国理政、定国安邦的大事"①。中央电视台新闻中心副主任杨华曾谈到，"核心价值观报道是《光明日报》、中央电视台等中央主流媒体需要长期共同思考、共同发力的课题。近年来，央视推出了"家风是什么""校训是什么"等报道，试图通过人性化、有温度的报道，持续唤醒老百姓对核心价值观的共鸣"。② 这段话关乎媒体政治修辞的方法和策略、内容和话语，值得包括当代播音员、主持人在内的媒体从业者学习和借鉴。

（二）公信力：新闻之本的原则不能变

在几十年的播音实践中，新中国十七年时期播音员群体一直在探索广播传播之规律，这一时期形成的"朗诵式""宣读式""讲解式""谈话式"的播音范例以及丰富生动的播音作品，就是试图用听觉形式之变树立传统广播以及所传递的内容在广大听众中的公

---

① 习近平这些要求，新闻工作者要牢记［EB/OL］.（2018-11-08）［2019-01-03］.http://www.xinhuanet.com/Folitics/xxjxs/2018-11/08/c_1123680388.htm.

② 核心价值观的新载体好故事［EB/OL］. http://news. gmw. cn/2016-06/28/content_20728945.htm.

信力，包括在"大跃进"之后和改革开放后进行的"降调""改腔"的样态处理，都是在树立"不浮夸""不高调""不假大空"的正面听觉形象，从而保持广播节目的传播真实性，使听众真正欲听、乐听、享听。在不同的社会发展时期和从业阶段，他们对于公信力的理解虽有不同，但是都在有意识地靠近。中央广播电视总台副台长阎晓明指出，"我希望中央人民广播电台的播音主持水准在融媒体时代依然具有最清晰的'辨识度'，在纷乱庞杂的信息流中确保永远传达着最准确的'国家主张'和'人民意愿'——这是中央台的核心价值，是中央台的坚守，是中央台的本分"。在新时期"众声喧哗""人人都有麦克风"的传播格局下，播音员、主持人坚持"公信力"的新闻之本原则不能变，要用扎实的专业基本功和过硬的新闻传播能力"降噪保真"，维系广播在公众中的信任度和影响力。

(三) 亲和力：贴近受众的意识不能变

受众是传播学理论传入我国后，在大众传媒中广泛使用的到达人群概念，其实新中国十七年时期播音员群体早已具有了"受众"意识，只不过那时他们称之为"深入群众、贴近群众"，播音员重视受众在来信中的评价反馈，重视深入工矿、农村体验生产生活，重视用广大群众喜闻乐见的话语形式传播信息内容，即便在错误政治指向的要求下走过了一段"波折"，但是播音员群体依然能够在时机成熟时迅速觉醒、及时回归正常的语言样态，这都为广播一直在群众中拥有广泛影响力起到了积极的促进作用，亲和力成为传统广播发展时期的重要支点。当下，在深切领会广播媒体"伴随收听"传播规律的基础上，播音员、主持人一方面应该传承新中国十七年时期播音员群体"亲和力"传播的早期实践经验，另一方面在融媒体发展的背景下，由于受众与播音员、主持人"亲和力"关系的影响因子更加复杂，传播主体需要从更深层次理解当今受众的接受心理特点和时代话语表征，在传受关系上除了要进行深入浅出的舆论引导之外，还应在提供有质量的信息服务、情感支持和文化体验方面着力，并通过现代化的受众调查方式提升"亲和力"的敏感度，最大限度地发挥广播作为"社会化媒体"的竞争优势。2012 年，全国各大新闻媒体进行了"走转改"的新闻报道实践，很多播音员、主持人走进了基层，如果说这是媒体自上而下发起的以重建"亲和力"为核心的官方行为，那么在新媒体的冲击和带动下，一些播音员、主持人也找到了带有鲜明个性特征的"亲和力"生产方式，北京音乐广播的主持人白杰就是其中较为典型的代表。在调频广播中，白杰主持上午档的音乐访谈节目《十点说唱团》，带着大家听音乐、话人生、讲故事，节奏明快、表意清晰，节目聚集了相当数量的年轻受众。同时他还带领团队打造了微信公众号"被窝FM"，每晚推送一条三五分钟的短小主持人独白。白杰用符合睡前收听心理的独特声音表达和讲述方式，从流行歌曲、日常见闻、心情感悟等微型话题谈起，为处于每天生物钟周期末端的新媒体音频节目受众营造了一个平和、淡然、安静、温暖的夜间单体收听场景，两种看似完全不同的主持话语体系却建立起了与听众的"亲和力"关系，也达到了预设的传播效果。

二、话语策略

　　"话语策略是根据形势发展需要而制定的话语方针和运用的话语方式方法。"①新中国十七年时期播音员群体在职业发展过程中,不断调整话语策略,推进自身的专业化水平,先是将注意力集中在播音训练方法和播音范式的确立上,在广播只能满足直播的技术条件下,他们追求发声的科学化、吐字的规范化、表意的明晰性、审美的艺术性和传播的准确性。在开放的交流平台上,播音员群体借助赴苏联学习和工作的机会,积极借鉴国外播音员的训练方法,又将汉语语音学、声乐、表演、曲艺等方面的专家请来授课,广泛汲取多重学科门类的语言训练和表现手法,最终形成独具一格、符合时代发展要求的"播音范式"。在后续的转型和理论研究工作中,这一播音员群体继续深化自身的话语策略,一是在主持传播领域上展开实践,并拓展有声语言艺术表达领域(朗诵、表演)。二是从实践经验中进一步研究升华,促进了播音主持理论框架体系的生成,并用这一理论体系反哺播音主持话语实践。这一时期的播音员群体之所以能做出很多"从无到有"的工作业绩和成就,与他们扎实的文化修养是分不开的,他们在当时整体社会教育水平较低的大背景下,应该属于社会精英人才的范畴,这直接影响到他们的学习能力、认知水平、专业水准以及研究素养。因此,对于

① 吴琼.中国梦传播的话语策略探析:13 卷[J].北京交通大学学报(社会科学版),2014(2):111.

当下的播音员、主持人而言,如何适应社会和媒体发展变革而导致的职业转变,仍需要在新中国十七年时期播音员群体搭建的话语策略模型的核心问题上给予关注并付诸实践。

(一)顺应形式之变

新中国十七年时期播音员群体从确立自己的传播身份起,就在摸索和实践符合传播规律的话语策略,这看似是有声语言表达样态的调整和修正,但他们坚持的还是从内容出发的创作方法,因而实现了"二度创作"未因话语不当而导致信息传播衰减的传播效果,这在其播音范式的成型、传播身份的转型过程中均得到了充分体现,包括其理论研究的话语体系建构也能彰显与时代语境的相得益彰。那么对于当代的播音员、主持人而言,他们面对的是更加"海量"的话语信息、更加多元的话语对象、更加丰富的话语来源、更加未知的话语期待,这一方面为他们提供了相对丰富的话语空间,另一方面也确实提升了他们实际操作的难度。以新闻主播为例,除了要尽可能掌握传统播音员的有声语言能力之外,他们还要高质量实施出镜报道、访谈、讲述、评论等多个环节的话语策略,仅是照本宣科地"有稿播音"似乎已经很难满足当下传播载体、形式和内容的需要,而能够言由心生、言之有物、言之成理、自圆其说地无阻传播就成为确立话语策略的重要标准。当记者问白岩松如何看待现在央视的严肃新闻做得越来越亲民活泼时,他回答道:"新闻应该用讲故事的方式去讲,讲故事不是虚构,是非虚构,要借鉴讲故事的很多模式。我很早就提出来必须要用讲故事的方式做好传播。我自己也会以这样的方式做,不能用做论文的方式天天播报很多的资讯。但是,还是应该有一定的边界,不同的新闻要选择不同的表达方式,有一些新闻就该是严肃看待,有一些新闻就该是轻松面对。但总的来说要符合传播规律,这点最重要。"①很显然,无论是新中国十七年时期的播音员群体,还是当下的播音员、主持人都在与时俱进地调整自身话语传播方式,积极的实践心态是实现传播效果的基础,而更为重要的是要在差异性语境中呈现出合情合理的话语形式。

(二)融合情感之真

综观新中国十七年时期播音员群体的话语策略,可以深刻感受到他们在职业发展和传播实践中始终对国家、对听众、对稿件抱着饱满而真挚的传播感情,这从关于他们的音频资料和记忆书写中均能够找到相应例证。虽然情感表达方式不同,有的溢于言表,有的客观冷静,有的爱憎分明,有的脉脉含情,但都是用心体会和反复揣摩理解传播内容,进而用准确的传播感情调动表达的思维逻辑。他们在作品中驾轻就熟,既能体现其个性和风格,又听不出模式化和技巧过分雕琢的痕迹。这也是需要当代播音员、主持人借鉴和传承的,既要晓之以理,又要动之以情,且站在节目内容基础上的表情达意要用真情而不是煽情,真情不是生活中的原生态,而是适应于传播场景中的情感抒发,真挚的情感应蕴含在对内容

---

① 白岩松谈媒体困境:都没人种粮食,全去炒菜了[EB/OL].(2017-02-26)[2018-09-06]. http://m.sohn.com/a/127264844_570245.

的表述中,是融合传播的同期传输。当代社会正处在转型期,受众在变革中获取信息的同时还应得到媒体更加彰显"人本"和"温度"的内容注解,它需要播音员、主持人予以情感层面的深度回应,对新时期的播音员、主持人而言,这是需要深思的时代命题。

(三)聚焦文化之核

对于新中国十七年时期播音员群体的选拔、评价和考核而言,文化修养已经作为重要的标准和依据,其中有相当比例的播音员具有大学学历,他们属于当时社会的"文化精英"族群。如果说高学历是他们成为播音员的先决条件,那么后续的文化修养养成又成为他们胜任工作角色的重要保证。夏青被当时中央台播音组公认为最有文化的播音员,但是他依然不断精进自身的语言文学水平,《左传》等古典文学作品均在他的涉猎范围之内,这使他在《阅读与欣赏》节目中的古典诗词朗诵和政论播音成为有声语言表达的典范。"文化修养"一直是衡量当代播音员、主持人传播能力的重要标识。央视第二季《中国诗词大会》自 2017 年 1 月 29 日播出以来,受到社会各界的广泛认可和赞扬。"赏中华诗词,寻文化基因,品生活之美"的节目宗旨在于唤醒公众对于中国古典诗词文化和传统文学经典的重新认知,其关注度在同时段全国上星节目排名中位列榜首,实现了社会效益和收视率的双赢,而主持人董卿在节目中的表现亦让电视观众为之赞许。她对于诗词文化的理解以及对社会人情的精准把握都在节目的串联和与嘉宾、选手的对话交流中得以体现,她不仅展示了作为文化专题类节目主持人的文化修养和传播功力,更体现出了当代主持人难能可贵的人文情怀。在第二季诗词大会的第八场,有一位选手的父亲是盲人,他一直保持着阅读盲文书的习惯,还用口读的方式教自己的孩子诗歌,董卿便由此想到了阿根廷著名作家博尔赫斯的经历,脱口而出他的一首非常著名的诗:"上天给了我浩瀚的书海,和一双看不见的眼睛,即便如此,我依然暗暗设想,天堂应该是图书馆的模样。"应该说,"文化修养"过去是,现在依然是播音员、主持人传播影响力的重要支撑,这也是全民整体文化水平提升的必然结果。

(四) 立足视野之广

在新中国十七年时期播音员群体构建具有中国特色媒介话语的初期,他们通过去苏联学习和从事华语播音的机会,借鉴了广播发展及播音样态的"苏联模式",这可以视为我国播音员在专业素养养成过程中打开"国际视野"、向先进文化学习的最初实践。而在当下全球一体化、"命运共同体"以及"一带一路"等构想和理念的带动下,播音员、主持人更需要建构以传播新时期国家形象、彰显国际话语水准、拥有跨地域政治经济文化展示能力为特征的"国际视野"。习近平总书记指出,"要加强国际传播能力建设,增强国际话语权,集中讲好中国故事,同时优化战略布局,着力打造具有较强国际影响的外宣旗舰媒体"。① 从当下的传播实践看,播音员、主持人在节目中从传播形态、视听形象上具备了基本的现代传播

---

① 习近平这些要求,新闻工作者要牢记[EB/OL].(2018-11-08)[2019-01-03].http://www.xinhuanet.com/Folitics/xxjxs/2018-11/08/c_1123680388.htm.

表现元素,尤其是以中央级和经济发达地区媒体新闻、娱乐类节目播音员、主持人体现得较为显著,一是将国外成形的节目形态作为"舶来品"为我所用;二是运用自己的国际对话能力宣传了"当代中国";三是尝试走进陌生的"文化语境"进行跨文化传播。央视新闻评论节目主持人白岩松于 2007、2009 年参与策划并以出镜记者的身份完成了《岩松看日本》《岩松看美国》,对当地政治、经济、文化、娱乐、民生、教育、历史进行全景式展示,显示了白岩松的"国际视野"和新闻专业素养。2016 年 8 月,央视《远方的家———一带一路系列节目》相继推出新加坡、印度尼西亚、马来西亚、巴基斯坦和孟加拉国专题,节目中多位年轻的外景节目主持人将串联、采访、讲述、游历等元素融会贯通,用中国电视媒体和叙事主体的视角进行跨文化的国际传播,用中国话语体系向国际社会讲述"一带一路"的故事。

(五)把握"直播"之能

直播对于新中国十七年时期播音员群体来说,确实司空见惯,这是由于技术水平所限的不得已之为,但就是在这种特殊的传播环境中,他们形成了"一个字都不能错"和"安全播出高于天"的实践自觉,以至于后来录播全面铺开后,齐越仍旧强调直播对于播音员业务水平提升的重要性。与此巧合的是,当下的媒体也正在悄然兴起"直播"的热潮。新媒体将广播电视媒体的独家优势引入空前的媒体竞争中,再一次改写了公众对于"直播"的认知。同样因传媒技术而引发,前人用实践证明了直播对于职业发展的积极促进作用,那么面对当下这样的直播环境,播音员、主持人除了应保证准确性、时效性之外,还应围绕"直播什么"这一命题展开思考。2016年11月8日,由中国人民大学新闻学院和北京大学电视研究中心共同主办的第十二届"中国记者节大型公益论坛"在中国人民大学举行,央视新闻评论节目主持人白岩松、新闻主播欧阳夏丹以"直播什么"为主题,表述了其对"直播"这一传媒热点话题的观点。白岩松说,"1996年我写过一篇文章叫《我们能走多远》,最后的结尾是我期待直播时代的到来,只要新闻直播时代没有到来,就充满着假象,充满着谎话,充满着延迟,只有当直播时代真正地到来,真正的记者评论等等才能相应地跟上。因此19年前的那一场直播元年,直接是建立在人们巨大的期待和对空白的填补以及对新闻真正规律在中国落地的基础之上的……但是我们不管作为传统媒体,还是新媒体,还是在座的各位将来要面临的新兴媒体都要思考这个问题,只有持续不断地满足人们永远存在的需求的东西,才真正地有发展潜力,而不是短暂的时光。在内容层面,我认为更加重要,此时所有在忙活这一场直播元年的人们一定要思考下一次你如何提供硬内容,就是必须拥有的内容,它才可以持续"。显然,当代播音员、主持人面对的是海量信息、直播常态化的传播境遇,他们需要在合适的传播时机给出恰切的选题和优质的内容,首先是准确无误、彰显新意,然后才能夺人眼球、确立优势。

对于新中国十七年时期播音员群体而言,其话语认同体现为:对以思想性、公信力、亲和力为主体的传播原则和以顺应形式之变、融合情感之真、聚焦文化之核、立足视野之广、把握"直播"之能为关键的传播策略的坚守和践行,当代广播电视播音员、主持人也应对此进行继承、发扬和创新,这是职业发展、传播规律以及社会进步的必然要求。

第三节　传承与示范:播音员群体的价值认同

对于新中国十七年时期播音员群体而言,他们在人生变迁中经历了因媒体的授予声望功能而带来的社会知名度、美誉度和影响力,得到了党和国家领导人的充分认可,当然他们也承受了生活的磨砺,有的甚至是命运的彻底改变,但是从有关他们的文化记忆中可以发现,这一群体始终坚守着坚韧不屈、自立自强、爱党爱国、敬业奉献、与人为善的理想信念,从未动摇。从人生发展阶段看,他们往往在青年时期已经成为万众瞩目的业务骨干,却也在青年时期经受了精神的洗礼和磨练。随着新时期广播事业的发展,对播音员、主持人的选拔、培养发生了深刻变化,但是这一群体在人生变迁中所恪守的"理想信念"仍旧是(当代)播音员、主持人应该继承和发扬的。处在深刻变革的社会环境中,当下的播音员、主持人应该从更深层次理解"理想信念"的重要性。2016 年 10 月,中央人民广播电台推行播音员、主持人"导师制"培养计划,一方面是为了促进播音员、主持人队伍成长,提升中央台播音员、主持人队伍整体素质;另一方面通过 强化"拜师意识",传承老一代播音员群体的精神品格。

一、坚定理想信念

从关于新中国十七年时期播音员群体的文化记忆中我们可以感受到他们面对自我的人生信念:坚定理想、坚持原则、坚守道义。无论是在顺境中的声名远播,还是困境中的艰难求索,他们始终能够克服来自外界的干扰,尽可能正向、乐观、积极地探求人生。而当今面对商业价值、社会价值与个人价值的多重影响,播音员、主持人能否始终保持正确的人生信念,在大众传播领域尽职尽责,则显得尤为重要。同样是青年成名,老一代播音员群体能够戒骄戒躁,而新生代播音员、主持人中则有被错误价值观所诱导的典型案例,他们没有认清自己是因媒介赋权而拥有过人的影响力,以致误入歧途。因此,善用媒体的授予声望功能,尽可能规避"明星"效应的负面影响,不断修正和完善自身的人格品行,方能在主持工作中具有持久的生命力。

二、坚守职业品格

在新中国十七年时期播音员群体中,涌现出齐越、夏青、费寄平、林田、葛兰、林如等一批爱岗敬业的先进典型,在话筒前播音,他们深感责任重大、使命光荣。为了工作的需要,他们可以舍弃或搁置自我价值实现和现实利益,这在当下价值取向多元的社会环境中尤显难能可贵。当代的播音员、主持人应将对岗位的坚守和对职业的热爱作为对老一代播音员群体职业信条的继承和发扬。

当其他电视人都忙着下海经商创业，或者是转变台风时，央视新闻频道"元老级人物"白岩松却依旧"岿然不动"，专注于新闻评论节目的"精益求精"，他一直在用实际行动捍卫自己的新闻理想，并打造自己的"新闻专业主义"。央视财经频道《对话》节目主持人陈伟鸿，一直在用专业品质和孜孜以求的精神在节目中耕耘播种，与高层人物进行深入对话，展开对中国经济和产业问题的深入思考。欧阳夏丹从上海台的新闻主播到央视财经频道《第一时间》的资讯节目主持人，再到《新闻联播》主播，其间参与了大量突发事件和重大新闻的直播工作，高水平地展示了她对新闻的驾驭与解读。倪萍作为中央电视台资深综艺节目主持人，从 2014 年起开始主持央视大型公益寻人栏目《等着我》，她在节目中不仅彰显了优秀节目主持人对节目内容的基本串联能力，更显现出她大气、善良、宽容、练达的性格特质，树立了转型之后的职业形象。

三、树立正面形象

对于新中国十七年时期播音员群体而言，除却他们对自我的严格要求与端庄稳健、优质传播的职业形象外，其在与社会公众交往和对话中产生的健康积极、双向互动、深度融合的社会形象也可作为当下播音员、主持人的行为榜样。2015 年，央视综艺节目主持人毕福剑因"网络视频"事件离开《星光大道》，在高收视的经济效益和主流媒体的社会效益二者之间，央视选择了后者。此事件再一次说明，播音员、主持人作为社会公众人物，应以更高标准规范自身言论和行为，这一点当今世界各国媒体均有共识。良好的社会形象是播音员、主持人提升自身和所在媒体传播影响力和美誉度的重要保证，也是社会公众共同的接受期待。浙江电视台谈话节目主持人亚妮，曾因优异的荧屏表现获得"金话筒"奖和全国"十佳"主持人称号，然而一次偶然的采访经历却让她放弃待遇优渥的职业，转而投身到对弱势群体的关注、宣传和扶持的工作中。2016年，她带着一本深切观照山西左权盲艺人生活的著作《没眼人》重新回归到公众视线，引起热烈反响。同样是公众人物，亚妮用自己的专业素养、人文情怀和传播影响力回馈社会弱势、宏扬主流价值观，用实际传播能力挖掘当代中国的深层文化，彰显了更具时代意义和价值的社会形象。

本章小结

2016年2月19日，习近平总书记着眼党在新时期的工作全局、着眼新闻传播规律、着眼国内外形势的发展，在党的新闻舆论工作座谈会上提出了党的新闻舆论工作的职责和使命：高举旗帜、引领导向，围绕中心、服务大局，团结人民、鼓舞士气，成风化人、凝心聚力，澄清谬误、明辨是非，连接中外、沟通世界的48字方针。从习总书记的指示中可以看出其对新闻舆论工作这一历史命题的思考与对当下媒体发展实践的审视和校准。"高举旗帜、引领方向"是对媒体发展政治属性的再次确认；"围绕中心，服务大局"规定了媒体传播内容的核心要义；"团结人民、鼓舞士气"理清了媒体传播的人民性特征；"成风化人、凝心聚力"是对媒体传播效果的价值定位；"澄清谬误、明辨是非"确定了媒体报道的鲜明立场；"联接中外、沟通世界"是对媒体在对外传播中讲好中国故事、树立国家形象的根本要求。其中既有对传统的继承，也涵括了新时期媒体传播的新标准，也涵盖了党在新时期对迄今发展已近八十年的我国人民广播事业的要求。当然，习总书记的指示还需要一支得力可靠、业务精湛的人才队伍作支撑和保障，而新中国十七年时期播音员群体的价值认同又恰恰应和了习近平总书记的讲话精神。如从历史维度衡量人民广播事业的发展，其历史确实相对短暂，但对于新中国十七年时期播音员群体而言，却承载了其人生的全过程，他们将自己的人生轨迹与国家的命运、社会的变革、媒体的演进、受众的需求紧密相连，形成了特色鲜明的"文化共同体"，其身份、话语和价值认同在数十年的传播实践与社会互动中不断明晰。传播规律是相对稳固的，传播样态是动态调整的，这是传媒业态发展的必然结果，因此文化的表象也具有鲜明的时代特征，但文化的变迁与延展又不是割裂的，作为我国人民广播事业的第一代播音主持群体，新中国十七年时期播音员群体的文化内涵在当代播音员、主持人的传播实践中应得到传承和发扬，这一方面是对于他们开创的具有中国特色的播音主持传播规律与彰显社会主义核心价值观的精神品质的尊重和践行，另一方面是在原有传播模式与经验基础上的"因时""因势"的创新与延伸，这既是群体文化"繁衍生息"的代际体现，也是顺利实现"坚持正确方向创新方法手段，提高新闻舆论传播力引导力"的重要保障。

结　语

　　融媒体时代背景下,技术变革所带来的新媒体迅猛发展让传统广播媒体有些始料未及,由此对广播节目播音员、主持人的业务要求也呈现出进一步人本化、多元化、专业化的特征。面对传播语境的变化,其中一部分广播节目主持人在传媒生态变革进程中顺势而为、积极转型,但也有相当规模的广播节目主持人在外部传播环境与内在传播素养直接影响下面临着前所未有的传播困境:基本业务技能下滑,职业认知水平和业务拓展能力不足,思想意识和身份价值认同不容乐观,并显现出一些由于身份意识欠缺而导致的文化内涵欠缺、叙事话语失当、直播能力下降、内容生产出现偏差、偏向等问题,相当数量的播音员、主持人传播能力未能与时俱进,这直接导致传统广播的公信力、亲和力、美誉度等受到负面影响,也成为广播媒体遭遇发展瓶颈的突出表现之一,同时这与党对广播媒体的传播期待形成了不能忽视的差距。

　　面对这样看似凸显时代特点的问题,能否从历史的维度进行追根溯源呢?本书对此进行了理论研究层面的大胆尝试,选取新中国十七年时期播音员群体作为研究对象,力图从文化共同体的身份认同、话语认同和价值认同三大核心展开分析和论证。又进一步将其细化为对若干具象问题进行研究,包括这一群体在解放区广播时期的文化启蒙、在新中国成立后的传播身份确立和播音范式的话语建构、在改革开放之后的传播话语转型以及通过理论研究进行学术对话的文化自觉,以及通过对这一特定群体的文化记忆进行分析,得出其多维立体的形象构成,还通过与当下广播电视播音员、主持人的业务发展实际进行逻辑性关联,得出对新中国十七年时期播音员群体优良传统和经验进行继承与发展的价值认同。本书试图运用传播学、广播电视学、社会学、文化学、播音学的相关理论进行交叉学科的研究,进而得出既反映特定社会历史背景,又突出职业发展属性,既涵盖研究框架的横向构成要素,又包括纵向时间发展维度的"切片",真正做到以史为鉴、以人为镜,以小见大、以点带面。本书在一定程度上兼顾了历史文献价值、理论创新价值、实践应用价值,使新中国十七年时期播音员群体的传播"溢出效应"得以体现出来。

关于新中国十七年时期播音员群体的研究,还有诸多问题可以给予进一步关注和持续延伸与拓展,例如传播仪式观、文化记忆、身份认同、话语策略、跨文化传播、口语修辞等,这些视角能更加多元地观照播音主持工作及其从业者的传播实践,揭示其中更加深刻的传播规律与文化内涵。

参考文献

1.孙杰远.文化共生视域下民族教育发展走向[J].教育研究,2011
(12).

2.波普诺.社会学:11 版[M].李强,等,译.北京:中国人民大学出版
社,2007.

3.斯道雷.文化理论与大众文化导论:5 版[M].常江,译.北京:北京大
学出版社,2010:7.

4.阿斯曼.集体记忆与文化身份[J].陶东风,译.文化研究,2011(11).

5.埃特金德.文化记忆中的硬记忆与软记忆:俄罗斯与德国的政治悼念
[J].张佑慈,译.国外理论动态,2016(6).

6.杨兆麟,赵玉明.人民大众的号角——延安(陕北)广播史话[M].北
京:中国广播电视出版社,1986:1.

7.李海,王文华.张家口(晋察冀)新华广播电台始末[J].中国广播,
2010(12).

8.钱江.战争史上的新闻传奇——晋冀鲁豫《人民日报》承担"临时新
华总社"和组建陕北电台接替台纪事[J].新闻战线,2007(04):
68-70.

9.齐越.播音员日记——解放战争年代的播音工作[J].新闻战线,1981
(07):19-22.

10.中央人民广播电台在战火中诞生:从延安走向北京[EB/OL].
(2009-02-26)[2019-01-30].http://www.cnshanbei.com/v-1-437.as-
px.

11.徐瑞璋.重返延安忆当年[M]//延安(陕北)新华广播电台回忆录新
编.北京:中国广播电视出版社,2000:12.

12.王恂."XNCR",我想念你![M]//延安(陕北)新华广播电台回忆
录新编.北京:中国广播电视出版社,2000.

13.刘辰莹.他从人民广播的原点走来—访人民广播第一代播音员萧岩
[J].中国广播,2010(12).

14.李伶.邓拓、丁一岚——新闻战线比翼鸟[J].党史博览,2011(6).

15.赵玉明.中国解放区广播史[M].北京:中国广播电视出版社,
1992:5.

16.中央人民广播电台研究院.解放区广播历史资料选编(1940—1949)
[M].北京:中国广播电视出版社,1985.

17.杨慧琳.在战斗的岗位上[M]//延安(陕北)新华广播电台回忆录新
编.北京:中国广播电视出版社,2000:12.

18.纪念人民广播创建40周年座谈纪要[M]//延安(陕北)新华广
播电台回忆录新编.北京:中国广播电视出版社,2000.

19.齐越.播音员日记——解放战争年代的播音工作[J].新闻战线,
1981(07):19-22.

20.姚喜双.中国解放区新闻播音语言规范[M].北京:语文出版
社,2007.

21.中华网.中央人民广播电台在战火中诞生:从延安走向北京,2009-02-26.

22.钱江.战争史上的新闻传奇——晋冀鲁豫《人民日报》承担"临时新华总社"和组建陕北电台接替台纪事[J].新闻战线,2007(04):68-70.

23.中华网.中央人民广播电台在战火中诞生:从延安走向北京,2009-02-26.

24.齐越.播音员日记(续)——解放战争年代的播音工作[J].新闻战线,1981(09):39-42.

25.张颂.中国播音学发展简史.

26.姚喜双.中国解放区新闻播音语言规范研究启示[J].语言文字应用,2007(3).

27.姚喜双,苏海珍.话筒前的人生:著名播音艺术家林如和她的播音生涯[M].北京:中国广播电视出版社,2000.

28.杨东平.新中国"十七年教育"的基本特征[J].清华大学教育研究,2003(1).

29.林田,夏青.做一个深透专深的广播员[J].新闻战线,1958(08):35.

30.《人民广播事业近年来有很大发展》,载1951年4月23日《人民日报》第3版。

32.风笑天.社会学视野中的青年与青年问题研究[J].探索与争鸣,2006(6).

33.龙伟.新的"明星:民国广播播音员的职业生态与社会生活"[J].新闻与传播研究,2013(4).

34.杨波.中央人民广播电台简史[M].北京:北京广播学院出版社,

2000:310.

35.吕晓红.这里是中国的声音—中央人民广播电台著名播音员的故事[J].中国广播,2010(9):43.

36.左荧.苏联广播是我们学习的榜样[J].新闻业务,1957(11):6-8.

37.库恩.科学革命的结构:2 版[M].金吾伦,胡新和,译.北京:北京大学出版社,2012.

39.中国国家统计局国家数据网站。

40.毛泽东.毛泽东选集:2 版 1 卷[M].北京:人民出版社,1991.

41.中央广播事业局业务研究室.播音工作经验汇辑[M].广播事业局,1961:1.

42.张岱年,方克立.中国文化概论:2 版[M].北京:北京师范大学出版社,2004.

43.鲁景超.用声音传播——人民广播播音 70 年回顾于展望[M].北京:中国传媒大学出版社,2011:8.

44.李莉.字字铿锵声声情——访著名播音员方明[J].中国记者,1988(01):42-43.

45.刘卓.论播音员主持人的语音规范——以方明的语言规范观和审音工作为例[J].中国广播,2012(7).

46.周鸿雁著.隐藏的维度——詹姆斯·W·凯瑞仪式传播思想研究[M].北京:中国大百科全书出版社,2012:3.

47.张晓峰,赵鸿雁.政治传播研究[M].北京:中国传媒大学出版社,2011:3.

48.凯瑞.作为文化的传播[M].丁未,译.北京:华夏出版社,2005:8.

49.罗尔.媒介、传播、文化——一个全球性的路径[J].董洪川,译.北京:商务印书馆.

50.齐越奖励基金办公室.缅怀齐越教授专辑(一)永不消逝的声音[M].北京:北京广播学院出版社,1997:1.

51.杨波.中央人民广播电台简史[M].北京:北京广播学院出版社,2000:11.

52.赵玉明.中国广播电视通史[M].北京:中国传媒大学出版社,2006:2.

53.虹云.侃听的门道[J].新闻记者,1994(04):44-47.

54.车文博.当代西方心理学新词典[M].长春:吉林人民出版社,2001.

55.操慧,操成.新闻报道的亲和力研究[M].北京:中国传媒大学出版社,2015:8.

56.弗格森.传播策划——综合路径[M].柯泽,等,译.北京:中国传媒大学出版社,2016:8.

57.古华城.报纸增强亲和力剖析[J].中华新闻报,2003-03-12.

58.郑保卫.亲和力·影响力·公信力·竞争力——论党报改革发展的四个着眼点[J].采和编,2011(02):8-10.

59.本社.话筒前的工作[M].北京:广播出版社,1983:2.

60.费寄平.播音基础理论探讨[J].现代传播,1980(01):34-38.

61.葛兰.把新闻工作优良传统传承下去[N].人民时报,2011-08-02(014).

62.李彬.传播学引论:3版[M].北京:高等教育出版社,2013:4.

63.虹云.主持人的真、亲、美、活——谈主持《午间半小时》节目的体会[J].新闻与写作,1991(10):26-28.

64.斯道雷.文化理论与大众文化导论[M].常江,译.北京:北京大学出版社,2010:7.

65.葛兰.真听、真问、真交流——播访问对话的点滴体会[J].现代传播,1984(01):24-28.

66.吴郁.主持人的语言艺术[M].北京:北京广播学院出版社,1999.

67.雅坤.安全播出高于天[J].中国广播,2010(4).

68.贾宁.天津人民广播播音事业的成长之路[J].天津师范大学学报,2005 增刊.

69.徐恒.播音发声学[M].北京:北京广播学院出版社,2003(2).

70.战迪,刘琦.播音与主持艺术批评[M].北京:中国广播影视出版社,2015:4.

71.郁梅.新中国播音创作简史[M].北京:中国传媒大学出版社,2016:11.

72.张颂.播音主持艺术论[M].北京:中国传媒大学出版社,2009:1.

73.齐越,沙林.情系七彩人生[M].北京:经济管理出版社,1993:10.

74.齐越.献给祖国的声音[M].北京:中国广播电视出版社,1991:1.

75.赵立泰,赵一兵.一个女播音员的命运[M].长春:吉林人民出版社,2006:5.

76.张颂.语言传播文论[M].北京:北京广播学院出版社,1999:12.

77.张颂.播音语言通论——危机与对策[M].北京:北京广播学院出版社,2002:1.

78.张颂.播音创作基础[M].北京:北京广播学院出版社,2004:1.

79.吴郁.当代广播电视播音主持:2 版[M].上海:复旦大学出版社,2008:12(2).

80.埃特金德.文化记忆中的硬记忆与软记忆:俄罗斯与德国的政治悼

念[J].张佑慈,译.国外理论动态,2016(6).

81.陈默.自传、回忆录与口述历史[J].粤海风,2014(3).

82.成美,陈道馥,薛夏原.丁一岚传[M].北京:中国国际广播出版社,2011.

83.张志杰,黄希庭.自传体记忆的研究[J].心理科学,2003:26(1).

84.勒热讷.自传契约[M].杨国政,译.北京:生活·读书·新知三联书店,2001.

85.Maass,M.and González,Jorge A.(2005).Technology,global flows and local memories:Media generations in'global'Mexico,Global Media and Communication,1(2):167-184.

86. Kitch,C. Twentieth-century tales:Newsmagazines and American memory. Journalism & Communication Monographs,1999. 1(2): 119-155.

87.基顿.传播研究方法[M].邓建国,张国良,译.上海:复旦大学出版社,2009.

88.彭增军.媒介内容分析法[M].北京:中国人民大学出版社,2012.

89.阿斯曼.文化记忆:早期高级文化中的文字、回忆和政治身份[M].金寿福,黄晓晨,译.北京:北京大学出版社,2015.

90.燕海鸣.博物馆与集体记忆——知识、认同、话语[J].中国博物馆,2013(3).

91.《让齐越的声音和精神留在沧州》,载2016年11月15日《沧州晚报》。

92.谢立黎,黄洁瑜.中国老年人身份认同变化及其影响因素研究[J].人口与经济,2014(1).

93.http://news.gmw.cn/2016-06/28/content_20728945.htm,《核心价值观的新载体好故事》。

94.吴琼.中国梦传播的话语策略探析[J].北京交通大学学报(社会科学版),2014,13(02):111-115.

95.姚喜双.中国解放区新闻播音语言规范[M].北京:语文出版社,2007.

96.祝捷.中国播音主持评价体系发展研究[M].北京:中国传媒大学出版社,2013:9.

97.龚鹏程.中国传统文化十五讲[M].北京:北京大学出版社,2006:9.

98.陈序经.文化学概观[M].长沙:岳麓书社,2010:1.

99.王莹.身份建构与文化融合:中原地区基督教会个案研究[M].上海:上海人民出版社,2011:6.

100.薛莉清.晚清民初南洋华人社群的文化建构:一种文化空间的发现[M].北京:三联书店,2015:7.

101.刘海龙.大众传播理论:范式与流派[M].北京:中国人民大学出版社,2008:2.

102.杜赞奇.文化、权力与国家:1900—1942年的华北农村:2版[M].王福明,译.江苏:江苏人民出版社,2010:7(2).

103.赛佛林,卡德.传播理论——起源、方法与应用:5版[M].北京:中国传媒大学出版社,2006:1.

104.胡泳.众声喧哗:网络时代的个人表达与公共讨论[M].北京:中国传媒大学出版社,2008:9.

105.曾庆香.新闻叙事学[M].中国广播电视出版社,2005:1.

106.陈力丹,陈俊妮.传播学纲要:2版[M].中国人民大学出版社,

2014:1(2).

107.柯惠新,王锡苓,王宁.传播研究方法[M].北京:中国传媒大学出版社,2010:2.

108.曹璐.解读广播—曹璐自选集[M].北京:北京广播学院出版社,2004:8.

109.北京市地方志编纂委员会.北京志·广播电视志[M].北京:北京出版社,2006:6.

110.麦克卢汉.理解媒介:论人的延伸[M].何道宽,译.江苏:译林出版社,2011:7.

111.彭芳群.政治传播视角下的解放区广播研究[M].北京:中国传媒大学出版社,2014:12.

112.欧阳宏生.电视文化学[M].成都:四川大学出版社,2006:7.

113.姆贝.组织中的传播和权力:话语、意识形态和统治[M].陈德民,陶庆,薛梅,译.北京:中国社会科学出版社,2000:10.

114.赵连文,张玉玲.社会学引论[M].北京:中国社会科学出版社,2010:1.

115.迪克.作为话语的新闻[M].曾庆香,译.北京:华夏出版社,2003:5.

116.许静.传播学概论:2版[M].北京:清华大学出版社,北京交通大学出版社,2013:8(2).

117.陈墨.口述历史门径实务手册[M].北京:人民出版社,2013:4.

118.麦奎尔.受众分析[M].刘燕南,李颖,杨振荣,译.北京:中国人民大学出版社,2006:3.

119.勒庞.乌合之众:大众心理研究[M].冯克利,译.北京:中央编译出版社,2015:1.

120.中共中央党史研究室.中国共产党的九十年:社会主义革命和建设时期[M].中共党史出版社,党建读物出版社,2016:6.

121.黄平,姚洋,韩毓海.我们的时代—现实中国从哪里来,往哪里去?[M].北京:中央编译出版社,2006:9.

122.周迅.大海的一朵浪花—孟启予的广播电视生涯[M].北京:中国广播电视出版社,2008:1.

123.刘淮.齐越和他的播音生涯[M].北京:中国国际广播出版社,1993:10.

124.诺拉.记忆之场[M].黄艳红,等,译.江苏:南京大学出版社,2020:11.

125.凯尔纳.媒体文化[M].丁宁,译.北京:商务印书馆,2013:5.

126.哈利斯.媒介心理学[M].相德宝,译.北京:中国轻工业出版社,2007:9.

127.杨沙林.用生命播音的人——忆齐越[M].北京:中国广播电视出版社,1999:10.

128.刘海龙.宣传:观念、话语及其正当化[M].北京:中国大百科全书出版社,2013:1.

129.邹煜,白岩松.一个人与这个时代[M].上海:上海交通大学出版社,2013:12.

130.刘卓.方明的播音创作[M].北京:中国传媒大学出版社,2015:1.

131.姚喜双.播音主持概论[M].北京:高等教育出版社,2012:3.

致 谢

四年的博士阶段学习即将结束,感慨光阴荏苒,只觉应该更加珍惜时光。致谢词充满着仪式感,要真挚地回应过去,点点滴滴,历历在目,不忘初心,砥砺前行。要感谢在我求学路上给予我无私帮助的家人、师长、同窗、同事、好友,因为没有他们的鼎力支持,也必然没有今天这本十几万字的文字呈现,它或许并不完美,却是大家一砖一瓦帮助我垒砌起来的成果。

细数曾经,父母见我为了求证一个观点,翻书至深夜,他们把关心藏在心里,既不愿惊动打扰我的思绪,又怕我身体吃不消,一切的心理矛盾都源于他们对我无私的爱;吴郁老师、高贵武老师、靳雷老师、黎明老师对我阶段性的鼓励与重要节点的提醒、关照和点拨,都显得这么恰到好处,收到的成效都化作论文的每一步进展,不会被岁月所淡忘;曹璐老师、万梅老师、刘丽群老师、钟欣老师、陈作平老师百忙之中参加我的论文答辩会,无私地将他们的真知灼见与我分享,这既是对学术后辈的期待,更体现了他们对理论探究的精深与责任;若竹、邱柯、李丹是我研究生阶段的好同学、好朋友，在我论文起步阶段，他们对我的鼓励与宽慰也显得如此重要，朋辈的信任给了我继续往前冲的勇气与力量；最要感谢的是我的导师张彩教授，在我看来，她是一个智慧与美貌并存的女性，智慧体现在她每次对我的指导总是一语中的、点到为止、稍做留白，让我拥有了拓展的可能性与积极性，美貌体现在她能用平和雅致的口吻告诉我"不着急、沉下心、慢慢来"，张老师用自己的言传身教让我感受到教师的难得境界——秀外慧中，这在潜移默化地影响着我，改变着我，在此由衷地表达我诚挚的谢意。

曾经和同学交流过读博士的心得与体会，我感觉主要有三点：一是培养了自己扩展阅读、深入思考的能力，这是通往"博"的基础和必要准备；二是给予了自己静气淡然、戒骄戒躁的心境，这是通往"博"的态度和性格养成；三是锻炼了自己逻辑聚焦、行文务实的能力，这是通往"博"的方法和必经之路。本为求进取而进行的学习过程，现在看来又有了更多的收获和体会，实在是幸运，做人、做事、做学问，皆在文章笔墨中。

白岩松口述著作《一个人与这个时代》是我经常跟学生提及的，希望学生们能以社会历史发展的视角来理解种种传播现象，也希望自己能通过更精进的学习、扎实的研究和认真的生活，更好地回馈这个变革发展的时代。

图书在版编目（CIP）数据

身份、话语与价值认同：新中国十七年时期播音员群体研究／卜晨光著. -- 北京：中国传媒大学出版社,2021.6

（"传播新视野"丛书）

ISBN 978-7-5657-2975-1

Ⅰ.①身… Ⅱ.①卜… Ⅲ.①播音员—群体—研究—中国—现代 Ⅳ.①G224

中国版本图书馆 CIP 数据核字（2021）第 118036 号

身份、话语与价值认同：新中国十七年时期播音员群体研究

SHENFEN、HUAYU YU JIAZHI RENTONG：XINZHONGGUO SHIQINIAN SHIQI BOYINYUAN QUNTI YANJIU

著　　者	卜晨光	
责任编辑	黄松毅	
封面设计	风得信设计·阿东	
责任印制	阳金洲	

出版发行	中国传媒大学出版社			
社　　址	北京市朝阳区定福庄东街 1 号		**邮　　编**	100024
电　　话	86-10-65450528　65450532		**传　　真**	65779405
网　　址	http://cucp.cuc.edu.cn			
经　　销	全国新华书店			
印　　刷	唐山玺诚印务有限公司			
开　　本	710mm×1000mm　1/16			
印　　张	13.5			
字　　数	139 千字			
版　　次	2021 年 6 月第 1 版			
印　　次	2021 年 6 月第 1 次印刷			
书　　号	ISBN 978-7-5657-2975-1/G · 2975		**定　　价**	68.00 元

本社法律顾问：北京李伟斌律师事务所　郭建平